Terapia Cognitivo-Conductual

Supera La Ansiedad, La Depresión Y Los Ataques De Pánico Con Sencillas Técnicas De TCC Para Potenciar Tu Inteligencia Emocional, Eliminar Los Pensamientos Intrusivos Y Reconfigurar Tu Cerebro.

Eric Holt

Contenido

Introducción

Si te has topado con este libro, probablemente te hayas enfrentado a algún tipo de dificultad. La terapia cognitivo-conductual puede ser la solución que has estado buscando, tanto si el problema es emocional, como la ansiedad generalizada, conductual, como evitar responsabilidades cruciales, o cognitivo, como los pensamientos erróneos o autolimitantes.

Las personas que reciben terapia cognitivo-conductual, o TCC, pueden desarrollar las habilidades necesarias para afrontar las dificultades de la vida. La TCC, el tratamiento más eficaz para una amplia gama de problemas, como la ansiedad, la depresión, el TOC, la ira, las fobias, los trastornos alimentarios, la adicción a sustancias, la asertividad, la vergüenza, la evitación, la procrastinación y los problemas de pareja, ha quedado demostrada por un abrumador conjunto de investigaciones realizadas en las dos últimas décadas. La TCC ayuda a los pacientes a mantener su salud mucho tiempo después de la terapia porque les enseña a resolver sus problemas aprendiendo y utilizando nuevas habilidades.

Aunque no tengas conocimientos de psicología, es muy probable que hayas oído hablar de la terapia cognitivo-conductual. Es una forma muy popular de terapia conversacional que se practica en todo el mundo. La TCC es algo que probable-

mente hayas experimentado si alguna vez has hablado con un terapeuta de salud mental, un consejero o un profesional de la psiquiatría en un entorno formal.

Probablemente hayas oído hablar de los efectos de la TCC si alguna vez has escuchado a amigos o familiares describir cómo un profesional de la salud mental les ayudó a identificar pensamientos, patrones y comportamientos poco útiles y les ayudó a cambiarlos para que pudieran trabajar con más éxito hacia sus objetivos.

La TCC es uno de los métodos de la caja de herramientas del psicólogo que se utiliza con más frecuencia. Aunque se basa en conceptos sencillos, puede proporcionar resultados increíblemente favorables cuando se pone en práctica.

Este libro examinará la TCC, cómo funciona y cómo puedes utilizar sus principios para mejorar tu vida.

1

Introducción a la terapia cognitivo-conductual (TCC)

La TCC, a menudo conocida como terapia cognitivo-conductual, es un potente método de terapia conversacional. Con la TCC puedes controlar tus emociones, impulsos y miedos. Por lo tanto, el comportamiento negativo puede mejorar.

Sin embargo, no todas las terapias son equivalentes ni se centran en los mismos resultados u objetivos. Por ejemplo, mientras que la Terapia de Emersión pretende cambiar o eliminar un miedo específico rápidamente, la Terapia de Conversación puede ayudar a trabajar problemas o ansiedades a largo plazo.

Pero, ¿cómo elegir la mejor terapia para ti o tu familia? Lo importante es cuáles son tus objetivos.

La terapia cognitivo-conductual (TCC) puede ser ideal para ti si buscas una terapia a corto plazo centrada en soluciones para cambiar o mejorar hábitos y patrones cognitivos indeseables.

Dado que la ansiedad, la depresión y el autismo suelen coexistir, la TCC ayuda a reducir síntomas comunes como las rabietas, los arrebatos, las obsesiones y las distracciones. Todo ello mientras te da la confianza, la actitud y la existencia menos ansiosa que necesitas.

¿Qué es la terapia cognitivo-conductual?

¿Te sientes a menudo ansioso y preocupado? ¿Sientes estrés, desesperanza o dificultad para controlar los pensamientos intrusivos? La terapia cognitivo-conductual (TCC), o "terapia hablada", examina la conexión entre tus sentimientos, pensamientos y comportamiento. El objetivo fundamental de la TCC es hacerte más consciente de tus pensamientos negativos para que puedas reaccionar ante las situaciones con más habilidad.

La TCC se lleva a cabo mediante una serie de sesiones con un profesional de la salud mental. El objetivo es proporcionar recursos que puedan aplicarse para abordar patrones de pensamiento y comportamiento poco saludables y disminuir el malestar.

La TCC puede ser beneficiosa en el tratamiento de muchas afecciones, como la depresión, la ansiedad, el TEPT, el abuso de sustancias y los trastornos alimentarios. Además, puede ayudar a superar traumas emocionales, controlar los síntomas físicos de una enfermedad crónica, afrontar el duelo y la pérdida, y superar situaciones estresantes de la vida cotidiana. Si

la medicación no es la mejor opción, puede sugerirse la TCC sola o con otras terapias y modificaciones del comportamiento.

El aspecto más difícil del cambio suele ser dar el primer paso. Si no te decides a probar la TCC, recuerda que es una solución rápida con pocos riesgos o efectos secundarios. La TCC puede impartirse en persona, uno a uno, o en grupos con familiares u otras personas que experimenten problemas relacionados. Las sesiones de asesoramiento en línea han ganado popularidad, especialmente durante la pandemia, y pueden ser una gran alternativa si no tienes acceso a centros de salud mental cercanos o prefieres hablar en privado en casa.

Cómo funciona la TCC

Como su nombre indica, la terapia cognitivo-conductual se basa en los conceptos de pensamiento (cognición) y conducta.

El aspecto cognitivo de la TCC

El aspecto cognitivo está relacionado con nuestros pensamientos y cómo se procesan. Comprende las suposiciones subyacentes, el pensamiento automático perjudicial y las creencias básicas.

Las creencias básicas negativas suelen tener su origen en acontecimientos de la infancia y se aprenden a una edad temprana. Por ejemplo, puedes haber desarrollado opiniones desfavorables sobre ti mismo, el entorno o tu perspectiva de futuro. También puedes tener creencias negativas sobre otras personas, como pensar que nunca son de fiar o que siempre actúan de forma deshonesta.

La idea de que uno es inadecuado o de que "mi valía depende de lo que los demás piensen de mí" son ejemplos de falsas creencias disfuncionales sobre uno mismo.

Uno de los principales componentes cognitivos de la TCC consiste en aumentar la conciencia de estos puntos de vista y de cómo tu forma de pensar se basa en prejuicios desfavorables arraigados. Para ello, el terapeuta puede aconsejarte lo siguiente:

- **Cómo identificar patrones de pensamiento negativos que podrían no ser reales llevando un diario de pensamientos** - Puedes creer cosas como: "Nadie se preocupa por mí" o "Si no me va bien, significa que soy un fracasado". A medida que seas más consciente de estas creencias negativas, puedes aprender a reformularlas o sustituirlas por puntos de vista más optimistas, como "Nadie es perfecto". Replantear tu forma de pensar también puede enseñarte a ver los problemas como retos, en lugar de concentrarte en ellos y sentirte abrumado. "Al fin y al cabo, todos cometemos errores, así que eso no me convierte en un fracasado".

- **Juego de rol** - El terapeuta puede adoptar un personaje diferente para representar una circunstancia que te provoque ansiedad. Por ejemplo, si tienes miedo de ir al médico para una revisión, el terapeuta hará el papel del médico y representará la situación contigo. Con el tiempo, esto te ayudará a ganar confianza y a determinar cuál es la mejor actuación en circunstancias similares. La próxima vez que acudas al médico, tendrás un encuentro menos estresante porque habrás resuelto previamente los problemas que te causaban ansiedad o miedo.

El aspecto conductual de la TCC

El aspecto conductual de la TCC se aplica con mayor frecuencia a los trastornos relacionados con la ansiedad. Esto suele implicar:

Actividades programadas. Desarrollar un plan diario puede hacer que parezca más manejable, tomar mejores decisiones y sentirse menos ansioso. Puedes mejorar tu estado de ánimo y tu actitud programando cosas que te gusten, ya sea dar un paseo tranquilo, unirte a un club de barrio, salir con los amigos o visitar un museo.

La asignación de tareas graduadas puede disminuir la procrastinación y la indiferencia y superar las circunstancias que provocan ansiedad. El primer paso puede ser elegir con qué amigo ir si estás planeando una salida con amigos para ver una película pero te sientes aprensivo o triste. La siguiente acción podría ser llamar a tu amigo y elegir una película para ver. La acción final sería llevar a tu amigo al cine.

Probar predicciones que te ponen nervioso. Este tipo de tareas se introducen gradualmente para que al final aprendas a afrontar la preocupación. Por ejemplo, si te da miedo salir de casa, te pueden aconsejar que pasees por la calle y veas si ocurre algo desagradable. Este método puede ayudar a abordar los hábitos de evitación que te impiden enfrentarte a tus ansiedades.

Para reducir la ansiedad o detener un ataque de pánico, aprender técnicas de relajación y respiración puede ser muy útil. Los ejercicios de respiración profunda y la meditación de atención plena son herramientas poderosas para reducir el estrés, concentrarte en el aquí y ahora, y desentenderte de pensamientos intrusivos o desfavorables. Cuando te sientas nervioso, tu terapeuta puede aconsejarte que utilices técnicas de relajación o meditación guiada.

¿En qué puede ayudar la TCC?

La TCC se ha utilizado con éxito para tratar diversos problemas de salud mental. A continuación se enumeran algunas de las afecciones más típicas para las que se utiliza:

Depresión

La TCC se creó por primera vez para tratar la depresión y hoy sigue siendo una de las terapias más populares para esta enfermedad. También se ha desarrollado la TCC informatizada para que las personas con depresión puedan tratarse a sí mismas en casa. El proceso de tratamiento permite identificar cualquier pensamiento depresivo y sustituirlo por otros más correctos y sensatos.

Además, ayuda a identificar cualquier ajuste conductual que pueda elevar el estado de ánimo. Por ejemplo, las personas con depresión suelen tener dificultades para levantarse de la cama por las mañanas y se aíslan de los amigos, la familia y los intereses pasados. Con la ayuda de la TCC, puedes mejorar progresivamente estos aspectos de tu vida de forma que te parezcan factibles.

Ansiedad

La TCC es uno de los mejores tipos de terapia para la ansiedad. Con ella se pueden tratar numerosas formas de ansiedad, como las fobias, la ansiedad social y el trastorno de pánico.

El componente de cuestionamiento del pensamiento de la TCC es esencial para tratar la ansiedad porque las distorsiones cognitivas (como la "catastrofización" o centrarse en el peor escenario posible) son a menudo las culpables del aumento de la sensación de ansiedad.

La exposición gradual, o enfrentarte progresivamente a tus preocupaciones en lugar de evitarlas, es una parte habitual del componente conductual de la TCC para la ansiedad. La exposición gradual te ayuda a controlar y disminuir tu miedo en cada etapa. Esta es una característica de la TCC para la ansiedad que tiene bastante éxito.

Trastorno obsesivo-compulsivo (TOC)

La TCC es una de las principales modalidades de terapia del TOC que se propugnan. Comprender lo que motiva los pensamientos intrusivos y las rutinas no deseadas te ayudará a aprender a responder de forma diferente en la terapia, lo que finalmente conducirá a una disminución de su frecuencia.

Las personas con TOC pueden beneficiarse de la TCC desafiando su conducta y comprendiendo los pensamientos que alimentan el comportamiento compulsivo.

Plantea preguntas:

¿Qué pasaría si no cedieras a tus impulsos?

El terapeuta de TCC puede empujarte gradualmente a cuestionar esta preocupación, por ejemplo, si el miedo a la contaminación es la causa de tu TOC. Esto puede implicar tocar gradualmente objetos contaminados sin lavarte las manos inmediatamente. La exposición repetida disminuye los síntomas con el tiempo.

Trastornos del estado de ánimo

Se utilizan distintas formas de TCC para muchos trastornos alimentarios y son tratamientos eficaces para distintos trastornos.

Suele ser la primera línea de tratamiento para el trastorno por atracón y la bulimia nerviosa, ya que es uno de los métodos más eficaces para tratar estos trastornos.

El tratamiento de la anorexia nerviosa suele requerir un enfoque multidisciplinar y es más complejo. Sin embargo, la TCC es una de las formas de tratamiento más recomendadas y desempeña un papel importante.

Esquizofrenia

Las personas con esquizofrenia suelen padecer psicosis, que implica delirios o escuchar voces. Estos síntomas pueden ser muy estresantes, ya que se ha demostrado que el estrés exacerba los síntomas de la esquizofrenia.

La TCC puede romper este círculo vicioso, ayudando a los pacientes a controlar sus signos y mejorar su calidad de vida, sobre todo cuando se utiliza poco después de un diagnóstico preciso.

¿Cuáles son los beneficios de la TCC?

Cuando hablamos de tratar trastornos de salud mental, la TCC tiene varias ventajas sobre otros tipos de terapia.

Ofrece a la gente esperanza para su situación

Debido a la naturaleza de los problemas de salud mental, las víctimas suelen tener una visión negativa del futuro. Puede ser difícil imaginar un futuro en el que su enfermedad no los afecte.

La TCC cambia esta situación dándoles esperanza.

Lo consigue permitiendo a las personas reconocer lo falibles que pueden ser nuestros pensamientos. A menudo no se corresponden con lo que es probable que ocurra en la realidad.

Podemos desarrollar nuestra mente para considerar nuevas opciones cuando aprendemos a cuestionar nuestros pensamientos. El potencial de resultados drásticamente variados en la vida.

Ayuda a elevar el sentido de la propia valía

La baja autoestima está relacionada con varios problemas de salud mental. Esto refuerza el círculo vicioso en el que las ideas negativas afectan al comportamiento y viceversa.

Sin embargo, la TCC puede romper este patrón y darte más confianza en ti mismo. Todo tu sistema de creencias cambia cuando empiezas a comprender cómo funcionan tus pensamientos y cómo puedes influir en ellos. Esto también se aplica a cómo te ves a ti mismo.

Puede ayudar a relajarse

El componente conductual de la TCC nos enseña a controlar nuestras reacciones ante los síntomas. Esto suele implicar el empleo de una serie de técnicas de relajación para entrenar reacciones más calmadas.

De este modo, podemos controlar nuestra reacción a los estímulos y reducir los síntomas.

Cultiva patrones mentales más lógicos

Ganar control sobre nuestros pensamientos es el principal beneficio de la TCC. Las distorsiones cognitivas son habituales y suelen producirse de forma natural y sin pensamiento consciente.

Nuestros procesos cognitivos pueden cambiar si cuestionamos y sustituimos los pensamientos negativos. Podrás pensar con claridad y evaluar el mejor curso de acción en circunstancias difíciles, puesto que ya no permites que los pensamientos negativos gobiernen tu mente.

En resumen, la terapia cognitivo-conductual (TCC) es una terapia verbal increíblemente beneficiosa. Puede que no sea adecuada para todo el mundo o que requiera más tratamientos terapéuticos para obtener los mejores resultados, pero suele ser un buen punto de partida.

2

Desentrañando los trastornos de ansiedad

Todos nos hemos enfrentado a algún tipo de preocupación o ansiedad, ya sean mariposas en el estómago o el pánico de "voy a vomitar" antes de hacer una presentación delante de la clase. Aquí hablaremos de la ansiedad, de su origen y de cómo la TCC puede ayudarte a controlar los síntomas.

¿Qué es la ansiedad?

La ansiedad no es más que la respuesta del organismo al estrés. Tu cerebro trabaja sin parar para mantenerte vivo y a salvo. De forma constante e inconsciente, busca peligros en tu entorno. Comparará el presente y el pasado en busca de "pruebas" que puedan suponer una amenaza.

Tu cerebro debería ocuparse de estas cosas por ti. La cuestión es que a veces tu cerebro toma la decisión adecuada, y otras no.

La ansiedad no es más que la reacción del organismo ante una amenaza real o percibida. La ansiedad puede presentarse de varias formas, desde una leve aprensión o preocupación hasta episodios de pánico.

Comprender los distintos trastornos de ansiedad

Los trastornos de ansiedad se presentan de diversas formas:

Trastorno de ansiedad generalizada

Una preocupación excesiva y constante que interfiere en las actividades cotidianas es un síntoma del trastorno de ansiedad generalizada. Junto con esta preocupación y tensión persistentes, también pueden aparecer signos físicos como agitación, sensación de tensión o agotamiento rápido, problemas de concentración, tensión muscular o dificultades para dormir. Las preocupaciones suelen centrarse en cuestiones rutinarias como las obligaciones laborales, la salud familiar o cosas sin importancia como las tareas domésticas, el mantenimiento del coche o las citas.

Trastorno de pánico

Los episodios de pánico recurrentes, una complicación de malestar psicológico y físico incapacitante, son el síntoma principal del trastorno de pánico. Cuando se produce un ataque, coexisten varios de estos signos:

Palpitaciones, corazón palpitante o latidos acelerados, sudoración, temblores o sacudidas, sensación de falta de aire o de ahogo, dolor en el pecho, sensación de desmayo o mareo, sofocos, náuseas o dolores abdominales, sensación de desprendimiento, miedo a perder el control, miedo a morir, etc.

Algunas personas con ataques de pánico pueden confundirlos con un ataque al corazón u otra enfermedad grave porque los síntomas pueden ser intensos. Podrían acudir al servicio de urgencias de un hospital. Los ataques de pánico pueden ser anticipados, como una reacción ante un objeto temido, o imprevistos, que aparecen sin causa aparente. El trastorno de pánico suele manifestarse entre los 20 y los 24 años. Los episodios de pánico pueden coexistir con otras enfermedades mentales como la depresión o el TEPT.

Fobias, fobias específicas

La fobia específica se refiere a un miedo abrumador y continuo a una cosa, circunstancia o actividad concreta que no suele ser perjudicial. Los pacientes son conscientes de su miedo devastador, pero no pueden superarlo. Algunas personas pueden intentar escapar de sus ansiedades porque son muy angustiosas. Algunos ejemplos son el miedo a hablar en público, a volar o a las arañas.

Agorafobia

La agorafobia es el miedo a encontrarse en circunstancias en las que salir sería incómodo o difícil, o en las que obtener ayuda podría resultar complicado en caso de ataques de pánico. La preocupación es excesiva en comparación con la situación, dura un mínimo de seis meses e interfiere en el funcionamiento diario. Utilizar el transporte público, estar en espacios abiertos, estar en espacios reducidos, hacer cola o estar entre una multitud, o salir solo a la calle son situaciones en las que una persona con agorafobia experimenta este miedo.

La persona necesita compañía, evita activamente o soporta el encuentro mientras experimenta un gran miedo o ansiedad. Si la agorafobia no se trata, es posible que la persona ya no pueda salir de casa. Si el miedo interfiere significativamente en las actividades cotidianas o es extremadamente molesto, se puede diagnosticar agorafobia a una persona.

La fobia social, a menudo conocida como trastorno de ansiedad social

Un individuo con un trastorno de ansiedad social experimenta una intensa preocupación e incomodidad en torno a los demás y corre el riesgo de ser rechazado, menospreciado o avergonzado. Los individuos con este trastorno intentarán evitar o afrontar la circunstancia con ansiedad. Ejemplos típicos son las fobias extremas a hablar en público, conocer gente nueva o comer o beber delante de otras personas. La preocupación o la ansiedad duran al menos seis meses e interfieren en el funcionamiento diario.

Trastorno de ansiedad por separación

Una persona con un trastorno de ansiedad por separación tiene una ansiedad o preocupación excesivas por separarse de las personas a las que está unida. La emoción se mantiene durante al menos cuatro semanas en los niños y seis meses en los adultos, va más allá de lo razonable para la edad de la persona e interfiere en su funcionamiento diario. Una persona que sufre trastorno de ansiedad por separación puede preocuparse constantemente por perder a la persona que más le importa, mostrarse reacia a salir de casa o negarse a pasar la noche lejos de ella, o incluso experimentar pesadillas sobre la separación. Aunque los signos físicos del malestar suelen aparecer en la infancia, los síntomas pueden persistir durante toda la madurez.

Mutismo selectivo

Aunque hablan en otras situaciones, los niños con mutismo selectivo no se comunican en entornos sociales específicos en los que se espera que lo hagan, como el colegio. Hablarán cuando su familia esté presente en casa, pero suelen permanecer callados cuando hay otras personas, como amigos íntimos o abuelos.

Aunque los niños con este trastorno utilizan ocasionalmente formas no habladas o no verbales (por ejemplo, gruñendo, señalando, escribiendo), la falta de habla puede dificultar la comunicación social. Además de perjudicar las habilidades comunicativas, el silencio puede provocar aislamiento social y dificultades intelectuales en el aula. Numerosos niños con mutismo selectivo también presentan ansiedad social significativa, vergüenza social, miedo y timidez excesiva. Sin embargo, suelen poseer habilidades verbales típicas.

El mutismo selectivo, que suele comenzar antes de los cinco años, puede no reconocerse adecuadamente hasta que el niño empieza la escuela. El mutismo selectivo es un trastorno que muchos niños superan. El mutismo selectivo en niños con trastorno de ansiedad social puede desaparecer, pero los síntomas del trastorno de ansiedad social pueden seguir presentes.

Identificar las causas profundas de la ansiedad

La ansiedad afecta a las personas de forma diferente y sus orígenes pueden ser difíciles de comprender. Existe una relación complicada y recíproca entre la ansiedad y todos los elementos ambientales y sociales.

Los factores ambientales y sociales pueden influir en nuestra interacción con los demás y desempeñar un papel en la aparición y el mantenimiento de la ansiedad. El género también puede influir en estos elementos sociales y ambientales, como los traumas infantiles, el aislamiento social, los acontecimientos traumáticos de la vida, el estrés laboral o escolar, los problemas de salud física o mental y las presiones sociales. La ansiedad es aproximadamente el doble de frecuente en las mujeres que en los hombres.

Según otros estudios, las mujeres son más propensas que los hombres a sufrir maltrato físico y psicológico, y la violencia se ha asociado a la aparición de trastornos de ansiedad.

Aislamiento social

En comparación con las personas que afirman tener vínculos sociales positivos, las que sufren aislamiento social o soledad suelen tener menos contactos sociales o de menor calidad. El aislamiento social puede dificultar entablar conversaciones con otras personas, lo que a menudo provoca sentimientos de rechazo e inseguridad.

Del mismo modo que la soledad puede aumentar la ansiedad, también puede provocar una baja autoestima y sentimientos de inadecuación. Aunque la soledad puede afectar a todo el mundo, determinados factores de riesgo aumentan la probabilidad de experimentar una soledad intensa y duradera, que a veces puede hacernos sentir más ansiosos y perjudicar nuestra salud mental. Por ejemplo, padecer una enfermedad o deficiencia de larga duración, no estar casado, no tener trabajo, vivir solo, tener entre 16 y 24 años, ser cuidador, pertenecer a un grupo étnico minoritario, ser LGBTQ+, etc.

Infancia traumatizada

Las repercusiones de los traumas infantiles, como los abusos físicos, emocionales o sexuales o el abandono, pueden durar toda la vida. Las personas que sufren traumas en la infancia son más propensas a padecer ansiedad. Esto puede deberse a modificaciones en el desarrollo cerebral que afectan a la memoria, el control del estado de ánimo y nuestra capacidad para luchar o huir.

Los pensamientos negativos sobre uno mismo o sobre el mundo, derivados de un trauma infantil, pueden dificultar el manejo de situaciones estresantes y aumentar el riesgo de ansiedad.

Experiencias traumáticas

Las experiencias desagradables de la vida también pueden exacerbar la ansiedad. Estas cosas alteran nuestra sensación de seguridad o bienestar y tienen un gran impacto emocional en nosotros.

Un accidente de coche, una agresión física u otros sucesos traumáticos son ejemplos de acontecimientos vitales negativos que, en algunas personas, pueden provocar ansiedad. La inseguridad laboral o una carga de trabajo excesiva también pueden elevar los niveles de ansiedad. El divorcio o el final de una relación importante es otro acontecimiento vital negativo que puede causar ansiedad.

Presión social

Las personas presionadas para ajustarse a las expectativas, estándares o normas sociales o culturales pueden experimentar estrés o ansiedad. Por ejemplo, idealizar un cuerpo "perfecto" puede causar preocupación por el aspecto personal e insatisfacción. La ansiedad por el rendimiento y el miedo al fracaso también pueden ser consecuencia de la presión por tener éxito, sacar buenas notas o prosperar en el trabajo.

Incapacidad para obtener servicios y recursos de salud mental

Diversas circunstancias pueden provocar un acceso desigual a los recursos y al apoyo para la salud mental. Los tiempos de espera, el transporte, la educación y la alfabetización, las barreras lingüísticas o culturales, la estigmatización y la discriminación son algunos de los obstáculos más frecuentes. Cuando las personas no pueden obtener la ayuda adecuada cuando la necesitan, su ansiedad puede empeorar.

El enfoque TCC para controlar y superar la ansiedad

Tras identificar los patrones de pensamiento y conducta perjudiciales, la terapia TCC se concentrará en impartir conocimientos que permitan a los pacientes sustituir estos patrones por otros nuevos y más beneficiosos. El objetivo principal de la terapia TCC suele ser encontrar soluciones, para lo cual el terapeuta colabora estrechamente con el paciente.

He aquí algunos métodos típicos de la TCC para tratar los síntomas de ansiedad:

Psicoeducación para la ansiedad

La TCC ofrecerá psicoeducación al paciente sobre su problema de ansiedad específico, cómo surgen los síntomas, cómo se perpetúan y el curso de acción sugerido para cualquier trastorno. Dependiendo de la complejidad de la circunstancia y de la comprensión que el paciente tenga de su miedo, esta fase del tratamiento puede requerir algunos minutos o sesiones.

Reconocimiento de patrones

El objetivo de la terapia TCC es mejorar el funcionamiento al tiempo que se reducen los síntomas mediante el cambio de los patrones de pensamiento y conducta. El tratamiento temprano suele centrarse en ayudar a los pacientes a identificar estos patrones y determinar cómo detenerlos antes de que se vuelvan problemáticos para apoyar el logro de ese objetivo.

Las tareas de seguimiento de patrones de la TCC suelen instar a los pacientes a llevar un diario de:

Los pensamientos que tienen durante el día, especialmente cuando se sienten estresados o ansiosos (por ejemplo, cualquier pensamiento del tipo "y si..." que les haga sentirse más ansiosos);

Sus sentimientos y la intensidad de los mismos (por ejemplo, aprensión leve frente a pánico total);

Cuando se siente nervioso, sus acciones y reacciones, así como los resultados negativos o positivos que puedan derivarse de ellas (por ejemplo, observar que la evitación reduce la ansiedad a corto plazo, pero la aumenta a largo plazo).

Condiciones, internas o externas, que provocan pensamientos, sentimientos y acciones particulares (como la ansiedad provocada por situaciones sociales concretas o al contemplar lo indescifrable).

Detener el pensamiento

Una vez que los pacientes conocen sus patrones, los terapeutas de TCC pueden enseñarles técnicas concretas para interrumpir y sustituir algunos comportamientos. Muchas técnicas de TCC se centran en ayudar a los pacientes a interrumpir patrones cognitivos problemáticos, pero algunas también se centran en ayudar a los pacientes a interrumpir hábitos de conducta poco útiles. Una vez interrumpidos estos patrones, el paciente aprende a sustituirlos por otros más ventajosos.

La capacidad de detener pensamientos implica darles una orden mental verbal o visual para que se detengan cada vez que surjan pensamientos improductivos. Alguien puede utilizar la palabra "Stop" o "No", o puede visualizar la imagen de una señal de stop cuando reviva un incidente humillante o se preocupe por algo que aún no ha ocurrido.

Reencuadrar los pensamientos

Reencuadrar es una habilidad que consiste en detener un pensamiento improductivo e intentar reencuadrarlo de forma más beneficiosa. Por ejemplo, una persona puede replantear su preocupación por una cita inminente con el médico pensando en cómo podría mejorar su salud.

El replanteamiento puede ayudar a las personas a cambiar su forma de pensar para sentirse menos ansiosas y a responder con más eficacia cuando el pensamiento de una persona se ha vuelto demasiado emocional; el replanteamiento ayuda a reintroducir hábitos de pensamiento más lógicos. Las personas que tienen problemas de autoestima pueden beneficiarse del replanteamiento de sus pensamientos. Al someterse a este enfoque, el sujeto se cuestiona una determinada percepción de sí mismo para determinar si es exacta.

Pensamientos desafiantes

Al enumerar las pruebas de que el pensamiento es verdadero o falso o evaluar explicaciones alternativas plausibles, te puedes cuestionar un pensamiento para ver si es exacto. Cuestionar los pensamientos ansiosos puede ayudar a disminuir la ansiedad y los juicios irracionales e impulsivos en momentos de estrés o preocupación.

Por ejemplo, una técnica típica de la TCC para abordar el pensamiento ilógico consiste en enumerar los hechos que apoyan y refutan una determinada noción o suposición. Esta habilidad puede ayudar a las personas a reconocer cuándo sus pensamientos pueden estar sesgados debido a su miedo, en lugar de aceptarlos como hechos.

Tareas de exposición

Las tareas de exposición se suelen aconsejar para limitar la evitación, reducir la ansiedad y aumentar la confianza en las personas ansiosas, ya que tienden a evitar las situaciones que les producen malestar. Los ejercicios de exposición consisten en exponerse gradualmente a circunstancias temidas y progresar hacia circunstancias más temidas y evitadas.

Por ejemplo, una persona que tenga aversión a hablar en público puede empezar ensayando delante de uno o dos amigos antes de pasar a un pequeño grupo en el trabajo. Para ayudar a sus pacientes a prepararse para estas exposiciones, los terapeutas de TCC suelen enseñar a sus pacientes técnicas de relajación como la respiración profunda o la relajación muscular. Las exposiciones dan a las personas la confianza para enfrentarse a sus ansiedades y las herramientas para hacerlo, al tiempo que mejoran sus técnicas de control de la ansiedad.

Resolución de problemas

Al resolver un problema, se insta a los pacientes a considerar sus opciones y sopesar los posibles efectos a corto y largo plazo de cada elección. Estas habilidades son necesarias para ayudar a las personas a tomar mejores decisiones, ya que muchas actividades motivadas por la ansiedad implican un alivio a corto plazo.

Por ejemplo, cancelar los planes puede sonar seductor para alguien que lucha contra la ansiedad social porque le permitiría evitar un escenario incómodo, pero a largo plazo, podría provocar aislamiento, depresión y un aumento de la ansiedad social. Una persona podría evitar tomar una mala decisión en el calor del momento utilizando una estrategia de resolución de problemas para reconocer estas implicaciones de antemano.

Activación cognitiva

Las personas con ansiedad suelen mostrar una disminución de la actividad conductual y social. Pueden creer que hacer menos cosas y evitar las dificultades empeorará su ansiedad. Para disminuir los efectos de la ansiedad, los terapeutas intentarán que el paciente salga, haga cosas e interactúe con los demás.

3

Superar la depresión mediante la TCC

El trastorno depresivo mayor del estado de ánimo es otro nombre para la depresión clínica. Se trata de una afección médica importante y generalizada que tiene un impacto perjudicial en los sentimientos, acciones y pensamientos. En un determinado periodo de dos semanas, el 8,1% de los estadounidenses mayores de 20 años declararon tener depresión, según las investigaciones. Esta enfermedad afecta a las personas de distintas maneras. En ocasiones puede influir en la forma de relacionarse con los demás. En otras circunstancias, puede interferir en el trabajo y reducir la productividad, e incluso causar problemas crónicos de salud.

Cuando se sufre una depresión grave, al principio puede parecer un problema de salud sin importancia. El trastorno depresivo mayor es una afección grave que puede afectar a todas las áreas de tu vida cotidiana. No es una afección de la que puedas recuperarte rápidamente, como un resfriado o un virus estomacal. Muchas personas que sufren depresión creen erróneamente que sus síntomas son simplemente tris-

Técnicas de relajación

A corto plazo, las actividades de exposición y activación conductual provocarán un aumento de los niveles de ansiedad. El impacto de la ansiedad puede atenuarse y los síntomas pueden reducirse más rápida y eficazmente aprendiendo y adoptando técnicas de relajación.

Escribir en un diario

Una técnica habitual de la TCC consiste en pedir a los pacientes que registren sus pensamientos, sentimientos y acciones. Este enfoque puede ayudar al paciente a comprenderse mejor a sí mismo y sus circunstancias, pero también puede ayudar al terapeuta a comprender al paciente y su perspectiva. Puedes empezar a monitorizar tus síntomas y averiguar cuáles pueden ser las causas subyacentes relacionadas con tus síntomas de ansiedad utilizando los diarios de ansiedad.

Aunque los enfoques de la TCC son herramientas útiles, la respuesta del paciente al tratamiento determinará su eficacia. Mientras que algunos enfoques y procedimientos de la TCC pueden no ayudar a la ansiedad de alguien, otras estrategias de la TCC pueden ser bastante útiles. El paciente y el terapeuta deben averiguar qué enfoques son eficaces para ellos y cuáles no.

teza y que pasarán con el tiempo. Pero para otros millones de personas, la depresión es una carga interminable. Por ello, es crucial que esas personas reciban más ayuda y apoyo.

Según la OMS, sólo el 10% de quienes padecen depresión reciben la atención necesaria, lo que la convierte en la segunda causa más común de discapacidad en todo el mundo. Es fundamental reconocer la diferencia entre el mal humor y la depresión, ya que se trata de un trastorno de salud importante. Este capítulo se centra en ilustrar los aspectos clave de la depresión y describir la forma más popular de tratamiento: la TCC.

¿Qué es la depresión?

Como ya se ha dicho, la depresión es un trastorno grave del estado de ánimo y una afección médica que puede afectar significativamente a los pensamientos, el comportamiento y las emociones. Produce estados de ánimo depresivos, pérdida de interés por actividades que antes se disfrutaban y diversos problemas físicos y psicológicos. También puede dificultar el funcionamiento de la persona en casa y en el trabajo.

Sin duda, las situaciones terribles de la vida pueden hacer que de vez en cuando te sientas deprimido. Sin embargo, puedes sufrir depresión si te sientes a menudo triste y desesperanzado. Según los expertos, quienes reciben tratamiento para la depresión pueden empezar a sentirse mejor en pocas semanas. Sin embargo, este trastorno puede empeorar si no se trata adecuadamente; por ello, debe tratarlo un especialista, como cualquier otro problema de salud importante.

Repercusiones de la depresión en la vida diaria

Como se ha señalado, la depresión puede afectar a todas las facetas de la vida, incluidas las relaciones, el trabajo, la educación y la salud en general. También puede alterar tu capacidad de concentración y de sueño. La depresión no se produce por sí sola. La familia, los amigos y los compañeros de trabajo también pueden verse afectados.

Además, la depresión puede afectar a tu productividad en el trabajo al disminuir tu nivel de concentración. Los médicos aconsejan tratar la depresión, ya que no hacerlo puede afectar negativamente a la vida personal y profesional. Algunas personas infravaloran la importancia de los psiquiatras. Sin embargo, encontrar al mejor psiquiatra tiene un impacto significativo.

¿Cómo ayuda la TCC con la depresión?

Para disminuir la depresión, la TCC combina estrategias cognitivas y conductuales. Los terapeutas pueden cuestionar los patrones de pensamiento depresivo que dan lugar a la inacción o a actividades autolesivas. La TCC sostiene que cambiar los sentimientos de una persona es el enfoque más eficaz para influir en su comportamiento posterior.

Técnicas cognitivas para modificar los patrones de pensamiento que inducen a la depresión

Los enfoques cognitivos te ayudan a reducir gradualmente su influencia desafiando y racionalizando los pensamientos negativos. Puedes comprender tus patrones de pensamiento, la emoción o el desencadenante que los provocó y la verdadera realidad de la situación utilizando técnicas como la reestructuración cognitiva. Entonces, el terapeuta podría ofrecerte una perspectiva más realista o sensata para atenuar las distorsiones cognitivas.

Tienes "lectura de mentes", que es una distorsión cognitiva típica de las personas con depresión cuando crees saber lo que piensan los demás. Puedes desarrollar una forma más constructiva de pensar y hablar contigo mismo cuestionando éste y otros pensamientos negativos.

Técnicas conductuales para aumentar la energía y la motivación

La depresión puede tratarse eficazmente con técnicas conductuales. Suelen consistir en recompensarse por pequeños ajustes de comportamiento. Por ejemplo, la depresión puede provocar falta de energía o de motivación. Puedes cambiar las reacciones químicas de tu cerebro recompensándote por hacer una tarea, como recoger unos cuantos platos. Una recompensa aumenta la probabilidad de repetir el comportamiento en el futuro.

La TCC utiliza varias técnicas para disminuir el poder de no actuar, como disminuir los comportamientos autodestructivos o autolesivos, que suelen acompañar a la depresión.

Siete técnicas habituales de TCC para la depresión

En el caso de la depresión, los enfoques habituales de la TCC incluyen la meditación consciente, el diario de pensamientos y la reestructuración cognitiva. Muchas de estas estrategias se combinan para demostrar las relaciones entre pensamientos, emociones y comportamientos.

A continuación se enumeran siete estrategias típicas de la TCC para la depresión:

1. Reestructuración cognitiva

Se toma conciencia de las posibles distorsiones cognitivas y patrones de pensamiento poco saludables que podrían intensificar los sentimientos de depresión o los pensamientos suicidas, cuestionando los patrones de pensamiento, el tono y la autoconversación. La reestructuración cognitiva enseña estrategias para racionalizar las distorsiones y las ideas falsas, reduce los errores cognitivos y ayuda a las personas a desarrollar hábitos de pensamiento saludables.

2. Planificación de actividades

Debes recompensarte cuando programes actividades que fomenten el autocuidado y el respeto positivo. Al organizar estas actividades y recompensas, aprenderás a motivarte para realizar las tareas necesarias incluso cuando te sientas decaído. También aumenta la probabilidad de que sigas con estas tareas una vez terminadas las sesiones formales de terapia.

3. Diario mental

Puedes crear un espacio para procesar, descubrir posibles desencadenantes y comprender cómo tus pensamientos han influido en tu comportamiento escribiendo para la salud mental y analizando temas como tus emociones, pensamientos y comportamientos. Puedes utilizar sugerencias especializadas de diarios para la depresión para comprender mejor las fuentes de tus creencias y estados de ánimo, aumentando la autoconciencia y enseñándote mecanismos de afrontamiento para seguir adelante.

4. Evaluación ABC

Al igual que el diario, esta técnica disecciona los comportamientos depresivos, como gritar a la gente o dormir todo el día. Puedes investigar las acciones "consecuentes" y buscar causas comunes en los desencadenantes de tu depresión examinando tus desencadenantes y consecuencias.

El modelo ABC emplea el siguiente marco para funcionar:

Evento "Activador" (Activating)

Tus "Creencias" (Beliefs) respecto al incidente

Las "Consecuencias" (Consequences) del incidente, incluidas tus reacciones y acciones posteriores al mismo

5. Comprobación de hechos

Comprobar los hechos te motiva a examinar tus creencias y a darte cuenta de que, aunque estés sumido en un patrón de pensamiento deprimente o perjudicial, son tus sentimientos los que impulsan esas opiniones (como "soy un fracasado"). Al comprobar los hechos, también puedes descubrir qué acciones realizas basándote en tus sentimientos o creencias y no en la verdad.

6. Aproximación sucesiva o "desglose"

Te sentirás menos abrumado si divides las grandes tareas en objetivos más pequeños. Si practicas regularmente la aproximación sucesiva, tendrás más probabilidades de conseguir tus objetivos y estarás mejor preparado para afrontar actividades difíciles en el futuro, incluso cuando tu depresión esté en su peor momento.

7. Meditación consciente

Puedes aprender a centrarte menos en tus pensamientos negativos y mejorar tu capacidad de permanecer en el momento practicando la meditación para tratar la depresión. La meditación puede ayudarte a ser consciente de tus patrones de pensamiento negativos, a aceptarlos y a desprenderte de ellos para que no dejes que te controlen.

Pedido de ayuda

Estimado buscador de bienestar emocional,

Antes de comenzar el capítulo sobre cómo dominar los ataques de pánico con la TCC, quiero elogiarte por tener el valor de buscar formas de superar la ansiedad, la depresión y los ataques de pánico. Has dado un paso crucial para recuperar el control de tu salud mental y encontrar un alivio duradero a tus desafíos.

Ahora te invito a compartir tu extraordinaria experiencia y sabiduría con otras personas que utilizan la terapia cognitivo-conductual para encontrar consuelo y curación. Tus experiencias y útiles consejos pueden servir de faro para otras personas que deseen aumentar su inteligencia emocional, eliminar los pensamientos intrusivos y someterse a una importante remodelación cerebral.

Al dejar una reseña sincera de este libro, das esperanza a otros lectores. Tu reseña puede inspirar y animar a otros demostrándoles que pueden superar obstáculos y descubrir una tranquilidad y paz duraderas mediante métodos de terapia cognitivo-conductual de eficacia probada.

Comparte las técnicas de TCC que más han conectado contigo, los avances que has experimentado y los asombrosos progresos que has hecho para superar la ansiedad, la depresión o los ataques de pánico. Tómate un momento para considerar la transformación que has experimentado a través de las enseñanzas de "Terapia cognitivo-conductual". Otros que lean tu reseña pueden sentirse motivados y elevados, lo que les conducirá hacia la recuperación, la madurez emocional y la serenidad duradera.

Creemos un grupo acogedor que acepte la Terapia Cognitivo-Conductual para alcanzar el bienestar emocional.

Es tan fácil como escribir una reseña, un gesto que sólo lleva unos segundos pero que tiene un gran impacto.

Tu opinión puede inspirar el desarrollo personal, la capacitación y la búsqueda del bienestar mental a largo plazo.

Te agradezco que compartas tu experiencia, sabiduría y sugerencias. Te deseo un coraje inquebrantable, una curación profunda y un logro excepcional al embarcarte en el viaje de la TCC para lograr la estabilidad emocional a largo plazo.

Con gratitud,

Eric Holt

4

Dominar los ataques de pánico con la TCC

Un ataque de pánico es un ataque rápido de gran temor que provoca síntomas físicos significativos cuando no hay peligro inmediato ni razón evidente. Los ataques de pánico pueden ser aterradores. Puedes creer que está sufriendo un ataque al corazón, que estás perdiendo el control o incluso que vas a fallecer cuando sufres un ataque de pánico.

Muchas personas sólo experimentan uno o dos ataques de pánico a lo largo de su vida, y el problema suele desaparecer cuando se supera una circunstancia estresante. Sin embargo, si has experimentado ataques de pánico continuos e imprevistos y has pasado por periodos prolongados de ansiedad continua ante un ataque, es posible que padezcas un trastorno conocido como trastorno de pánico.

Aunque los ataques de pánico no supongan una amenaza para la vida, pueden ser aterradores y afectar considerablemente a tu calidad de vida. Sin embargo, el tratamiento suele ser muy eficaz.

Causas

Aunque se desconoce la causa de un trastorno de pánico o de los ataques de pánico, algunos posibles factores contribuyentes incluyen la genética, el estrés intenso, un temperamento más propenso a las emociones negativas o la sensibilidad al estrés, y ciertas alteraciones en el funcionamiento de regiones cerebrales específicas.

Al principio, los ataques de pánico pueden producirse de forma inesperada y sin previo aviso, pero lo normal es que determinadas circunstancias los provoquen con el tiempo.

Según algunos estudios, los episodios de pánico pueden deberse a la reacción normal de lucha o huida ante el peligro. Por ejemplo, tu cuerpo respondería automáticamente si te persiguiera un oso pardo. La respiración y el pulso se acelerarían mientras el cuerpo se prepara para una circunstancia potencialmente mortal. En un ataque de pánico, se producen muchas de las mismas reacciones. Sin embargo, no se sabe a ciencia cierta por qué se produce un ataque de pánico cuando no existe un riesgo inmediato.

La TCC como tratamiento

Ayudar a los pacientes a liberarse de patrones de pensamiento perjudiciales para tomar mejores decisiones sobre sus acciones y comportamientos es uno de los objetivos clave de la TCC. En general, las personas con trastorno de pánico son más propensas a tener pensamientos negativos y actitudes autodestructivas, lo que afecta a la autoestima y exacerba la ansiedad.

Durante los ataques de pánico suelen aparecer síntomas físicos y mentales. La dificultad para respirar, el dolor torácico, la sudoración y las palpitaciones son síntomas somáticos típicos. Estas sensaciones suelen considerarse alarmantes y pueden provocar pensamientos perturbadores, como el miedo a perder el control, volverse loco o morir.

Los miedos a los ataques de pánico pueden llegar a ser tan fuertes que perjudiquen las acciones de una persona. Por ejemplo, una persona puede empezar a preocuparse por sufrir un ataque mientras conduce o delante de otras personas. La persona se abstendrá entonces de conducir o de participar en actividades con mucha gente.

Tales actividades provocan un trastorno diferente conocido como agorafobia. La agorafobia se produce cuando los pensamientos de miedo persistente se arraigan y las estrategias de evitación amplifican estas preocupaciones.

La TCC puede ayudar a las personas con agorafobia o trastorno de pánico a aprender a controlar sus síntomas. Una persona puede aprender a controlar eficazmente sus síntomas aunque no pueda controlar cuándo tiene un ataque de pánico. La TCC utiliza un método de dos pasos para ayudar al paciente a lograr una transformación duradera.

El proceso de la TCC

Reconocer los pensamientos negativos y sustituirlos

Inicialmente, el paciente recibirá ayuda del terapeuta de TCC para reconocer sus cogniciones o patrones de pensamiento negativos. Por ejemplo, se puede enseñar a la persona a considerar cómo ve el mundo, cómo se siente durante un ataque de pánico o cómo se percibe a sí misma. Una persona puede empezar a darse cuenta de sus patrones de pensamiento habituales y de cómo afectan a sus comportamientos concentrándose en su proceso mental.

Para ayudar al paciente a ser consciente de sus pensamientos negativos y saber cómo sustituirlos por mejores formas de pensar, el terapeuta puede emplear diversas actividades y ejercicios. Además, a menudo se dan actividades para hacer en casa entre sesiones para ayudar al paciente a reconocer y disipar continuamente los pensamientos erróneos.

Los ejercicios de escritura pueden ser una herramienta poderosa para romper los malos patrones de pensamiento. Estos ejercicios pueden ayudar a ser más consciente de las ideas negativas y a sustituirlas. Escribir en un diario, escribir un diario de gratitud, decir afirmaciones y llevar un diario del pánico son tareas de escritura habituales en la TCC.

Desarrollo de habilidades y ajustes de comportamiento

El desarrollo de mecanismos de afrontamiento beneficiosos es la siguiente fase de la TCC para cambiar los comportamientos inadaptados. A lo largo de esta fase, el paciente adquirirá estrategias que le ayuden a afrontar la reducción del estrés, la gestión de la ansiedad y los ataques de pánico. El paciente debe practicar los nuevos hábitos fuera de la terapia aunque estas habilidades se practiquen en las sesiones.

La desensibilización es un popular método de TCC que ayuda al paciente a superar los patrones de evitación. El terapeuta de TCC expone gradualmente al paciente a estímulos inductores de ansiedad mediante la desensibilización sistemática mientras le instruye para que controle su ansiedad. El individuo se expone gradualmente a escenarios más aterradores mientras aprende a controlar sus ataques de pánico en cada situación temida.

También se aprenden técnicas de relajación para ayudar a mantener la compostura en situaciones que provocan ansiedad. Estas técnicas ayudan a controlar el miedo, reducir la frecuencia cardiaca, disminuir el estrés y mejorar la capacidad de resolución de problemas. Los ejercicios de respiración profunda, la relajación muscular progresiva (PMR), el yoga y la meditación son métodos populares de relajación.

Desarrollar la resiliencia y la confianza ante el pánico

Si tiendes a ser más sensible al sufrimiento emocional, es fundamental que evites ver tus problemas para gestionar las dificultades o la adversidad como una especie de defecto de carácter. Desarrollar la resiliencia con el tiempo requiere trabajo; no es un atributo fijo ni un signo de hombría.

Es poco probable que hayas necesitado o tenido la oportunidad de desarrollar la resiliencia a menos que te hayas enfrentado previamente a la adversidad. Puedes superar las dificultades que encuentres recurriendo a experiencias anteriores. Incluso si has tenido problemas para manejar las dificultades, al menos podrías nombrar algunos mecanismos de afrontamiento que no funcionan, como abusar de las drogas o beber para embotar tus emociones.

Aunque ver los resultados positivos de las experiencias traumáticas puede ser difícil, desarrollar la resiliencia puede ayudarte a buscar ventajas en los retos a los que te has enfrentado. Puedes aprender cosas importantes sobre ti mismo y el mundo superando la adversidad, fortificando tu determinación, aumentando tu empatía y, finalmente, ayudándote a desarrollarte y crecer.

Aceptación

Aunque cada persona afronta la presión de forma diferente, muchos intentan defenderse restando importancia a la verdad de lo que está ocurriendo. Si actúas como si ni siquiera estuvieras atravesando una crisis, puedes creer que aún tienes cierto control sobre situaciones normalmente inesperadas.

La negación puede servir ocasionalmente para algo útil, como darte la oportunidad de procesar el shock de un incidente traumático, pero con el tiempo sólo empeorará tu sufrimiento. No podrás adaptarte a tu nueva situación si sigues negándolo. También te impedirá buscar alternativas o tomar medidas, inhibiendo la curación.

Hablar con otras personas

Conectar con amigos y familiares en momentos difíciles puede ayudarte a minimizar el estrés, mejorar tu estado de ánimo y dar sentido a todos los trastornos y cambios. Tener a alguien en quien apoyarte puede darte fuerza y resistencia para que no tengas que enfrentarte solo a tus retos.

No es necesario que las personas a las que acudas tengan soluciones a tus problemas; basta con que estén dispuestas a escucharte sin juzgarte. No siempre importa lo que digas o cómo lo digas. El poder de la interacción humana, como el contacto visual, una sonrisa o un abrazo, puede cambiar significativamente cómo te sientes.

Invertir en el cuidado personal

Vivir circunstancias difíciles puede ser agotador física y mentalmente. El estrés puede influir negativamente en los sistemas inmunitario y digestivo, aumentar el riesgo de infarto e ictus y provocar agotamiento, un estado de cansancio emocional, físico y mental. El estrés constante también puede tener graves efectos negativos sobre la salud.

Dada la interdependencia del cuerpo y la mente, el gasto en autocuidado es crucial para fomentar la resiliencia y sobrevivir a periodos de estrés extremo. Tu mente también se sentirá poderosa y sana cuando tu cuerpo lo haga.

Buscar finalidad y significado

Es fácil verse consumido por la crisis actual o sobrepasado por titulares horripilantes. Sin embargo, sea cual sea tu situación, no debe definir quién eres. La crisis no te define. Puedes relativizar tus problemas, evitar que te abrumen y mantener tu identidad realizando actividades que ofrezcan sentido y propósito a tu vida.

Como todos somos únicos, experimentamos el sentido y el propósito de forma diferente. No dejes que las expectativas de los demás sobre ti limiten tu capacidad; en lugar de eso, persigue las cosas que harán tu vida más plena.

Mantén tu unidad

Fomentar rasgos como la perseverancia y la resistencia es crucial para superar la adversidad y las situaciones difíciles. Aunque los tiempos difíciles no son eternos, rara vez terminan rápido debido a su propia naturaleza. Debes desarrollar estrategias para mantener la inspiración y la perseverancia mientras trazas un camino a través de la oscuridad.

5

Potenciar la inteligencia emocional mediante la TCC

Tu rendimiento se alimenta de la inteligencia emocional en el trabajo y en tu vida personal, pero todo empieza por ti. Comprender y controlar tus emociones puede ayudarte a tener éxito en todos los aspectos de tu vida, desde la confianza en ti mismo, la empatía y el optimismo hasta las habilidades sociales y el autocontrol.

Darse cuenta de hasta qué punto gestionas con éxito tu energía emocional es un excelente punto de partida, independientemente de tu sector profesional, de si diriges a una plantilla de dos o 20 personas o incluso a ti mismo. Dado que la inteligencia emocional no está contemplada en los planes de estudio ni se nos enseña ni se nos examina, ¿de dónde procede, qué es, la poseemos y qué importancia tiene?

Afortunadamente, es algo que se puede adquirir, y hemos elaborado una lista exhaustiva de consejos para ayudarte a explorar tu grado de inteligencia emocional y adquirir habilidades críticas de inteligencia emocional que se pueden utilizar en la vida diaria. Algunos de estos consejos son algo que hacemos nosotros, mientras que otros nos los han compartido nuestros maravillosos pacientes y socios, que son maestros a la hora de inspirar y motivar a sus equipos y a sí mismos.

Inteligencia emocional

En pocas palabras, la inteligencia emocional se refiere a la capacidad de una persona para reconocer, controlar y responder a sus emociones y a las de los demás. Comprender cómo influyen las emociones en sus pensamientos y comportamiento te ayudará a controlar mejor tu conducta y a adquirir las habilidades de autocontrol necesarias. Podemos desarrollar y aprender más sobre quiénes somos como resultado de ser más conscientes emocionalmente, lo que nos permite interactuar con los demás de forma más eficaz y forjar vínculos más fuertes con ellos.

Te aconsejamos que empieces por estas ocho primeras sugerencias, ya que constituyen un trampolín fantástico para aprender los principios subyacentes a tu inteligencia emocional.

Practica la conciencia de tus emociones

A menudo llevamos una vida ajetreada y frenética, lo que hace que perder de vista nuestras emociones sea demasiado fácil. Prueba poner temporizadores en distintos momentos del día para reconectar. Cuando suene el temporizador, respira hondo y concéntrate en tu estado emocional. Fíjate en qué parte del cuerpo se manifiesta esa emoción como sensación física y cómo te hace sentir. Cuanto más practiques, más rápido se convertirá en algo natural.

Presta atención a tus acciones

Considera la posibilidad de prestar atención a tu comportamiento mientras practicas la conciencia emocional. Piensa en cómo te comportas y cómo repercuten tus acciones en tu vida diaria cuando sientes una emoción determinada. Una vez que seamos más conscientes de cómo respondemos a nuestras emociones, será más fácil controlarlas.

Examina tus propias creencias

Es fácil quedar atrapado en una "burbuja de opinión" en el entorno hiperconectado actual. En este estado, las personas que comparten tus creencias refuerzan constantemente las tuyas. Dedica algún tiempo a leer el punto de vista opuesto para poner a prueba tus creencias (aunque sigas creyendo que son correctas). Así te resultará más fácil comprender a los demás y estarás más abierto a nuevas ideas.

Acepta la responsabilidad de tus emociones

Tus emociones y tu comportamiento son responsabilidad tuya; nadie puede controlarlos. Una vez que tomes posesión de tus sentimientos y acciones, beneficiará a todos los aspectos de tu vida.

Dedica tiempo a celebrar lo bueno

Celebrar y pensar en las cosas buenas de la vida es un aspecto importante de la inteligencia emocional. Las emociones positivas ayudan a las personas a sobreponerse a la desgracia, haciéndolas más resistentes e inclinadas a establecer relaciones satisfactorias.

Sin embargo, ten en cuenta los inconvenientes

Tan importante como centrarse en las emociones agradables es reflexionar sobre las negativas. Comprender tus emociones desagradables te ayudará a crecer y a estar más preparado para manejarlas en el futuro.

Acuérdate de respirar

La vida nos presenta diversos retos, y la mayoría de nosotros nos sentimos estresados de forma rutinaria. Recuerda respirar para controlar tus emociones durante este tiempo y evitar arrebatos irracionales. Pide un tiempo muerto y haz algo para mantener la calma, como lavarte la cara con agua fría, salir a tomar aire o prepararte una bebida. Haz lo que sea necesario para darte espacio para ordenar tus pensamientos y decidir cómo reaccionar.

Un proceso contnuo

Reconoce y recuerda que el desarrollo de la inteligencia emocional es un ejercicio que dura toda la vida y que exige un proceso constante.

Autoconocimiento

El conocimiento de uno mismo, una faceta crucial de la inteligencia emocional, consiste en reconocer y comprender la personalidad, los estados de ánimo y los sentimientos propios y su impacto en los demás. Implica ser honesto con uno mismo sobre tus capacidades, puntos fuertes y defectos, y comprender cómo te ven los demás. Puede hacerte más adaptable, ayudarte a identificar áreas de mejora y evitar que tomes malas decisiones. A continuación encontrarás consejos que te ayudarán a ser más conscientes de ti mismo:

Aprende a ser objetivo contigo mismo

Comprenderte a ti mismo es todo un reto, y es casi imposible verte a ti mismo de forma objetiva; por lo tanto, la opinión de personas que te conozcan es esencial. Pídeles que enumeren tus puntos fuertes y débiles, anota sus respuestas y luego compáralas. Estate atento a cualquier tendencia y recuerda que no siempre tienen la razón; simplemente intentan ayudarte a evaluar tu perspectiva desde el punto de vista de otro.

Lleva un diario

Llevar un diario es un método excelente para evaluar tus progresos con precisión. Empieza anotando los acontecimientos de cada día, tus reacciones y cómo los has afrontado. Al registrar esta información, puedes ser más consciente de tus acciones e identificar posibles puntos problemáticos. Repasa periódicamente tus observaciones para detectar tendencias.

Reconoce tus factores de motivación

Todo el mundo empieza un proyecto con una motivación principal. El reto consiste en recordar este factor motivador cuando surgen dificultades. Con demasiada frecuencia, la gente empieza un proyecto pero nunca lo termina porque pierde la voluntad de hacerlo. Dedica algo de tiempo a averiguar qué es lo que te motiva y utilízalo para impulsarte hasta la meta.

Tómatelo con calma

A veces experimentamos arrebatos emocionales porque no nos tomamos el tiempo necesario para parar, respirar y procesar nuestros sentimientos. Darte un respiro e intentar meditar, practicar yoga o leer te ayudará a sentirte mejor. La próxima vez que experimentes una respuesta emocional ante algo, intenta contener tu reacción.

Reconoce tus factores emocionales desencadenantes

Las personas conscientes de sí mismas pueden identificar sus sentimientos mientras están ocurriendo. Es fundamental ser adaptable a tus emociones y cambiarlas cuando sea necesario. Tómate tu tiempo para procesar tus sentimientos antes de compartirlos; no seas estricto con ellos, pero tampoco los ignores.

Predice tus sentimientos

Piensa en una circunstancia en la que puedas encontrarte pronto y proyecta tus sentimientos hacia ella. Practica nombrar y aceptar tus emociones; hacerlo te da el control. En lugar de reaccionar simplemente ante el sentimiento, intenta encontrar una respuesta aceptable.

Abraza tus instintos

Confía en tu instinto si aún no estás seguro de qué dirección tomar. Al fin y al cabo, tu subconsciente ha estado averiguando qué rumbo elegir durante toda tu existencia.

Autogestión

Puedes dominar la autogestión si eres consciente de ti mismo y de cómo funcionan tus emociones. Implica responsabilidad por tus actos, bienestar y contención emocional. A continuación se ofrecen algunos consejos para la autogestión:

Supéralo

Cambiar tus estímulos sensoriales es una estrategia importante para controlar tus emociones; como dice el dicho, el movimiento determina la emoción. Por lo tanto, sacude tu cuerpo físico asistiendo a una clase de ejercicio, o intenta concentrar una mente ocupada con un rompecabezas o un libro: cualquier cosa que rompa tu patrón actual.

Establece un horario (¡y cúmplelo!)

Si quieres realizar tareas con éxito, debes establecer un calendario y seguirlo.

Come sano

Aunque parezca fácil, comer y beber con moderación puede influir significativamente en tu estado mental, así que haz todo lo posible por mantener una dieta equilibrada.

No te enfades

Utiliza tu vigor emocional haciendo algo constructivo. Es aceptable reprimir sentimientos intensos, sobre todo si no es el momento adecuado. Cuando lo hagas, canalízalo hacia la motivación en lugar de desahogarte en algo sin sentido. No te enfades; sé mejor.

Interésate

Involucrarse conscientemente en el tema, ya sea empresarial o personal, es crucial para regularse a uno mismo y a sus emociones.

Si no puedes confiar en ellos, no esperes que confíen en ti

Puede ser difícil generar confianza con alguien; una vez perdida, es todo un reto volver a ganarla. Intente tener en cuenta que los seres humanos son falibles y cometen errores. Al extender tu confianza, estás instando a los demás a hacer lo mismo.

Tienes una opción

Puedes decidir si reaccionar exageradamente o mantener la compostura en una circunstancia determinada. Pero tú decides.

El papel de la TCC en la mejora de la inteligencia emocional

La capacidad de reconocer y utilizar eficazmente las emociones propias y ajenas, sobre todo bajo presión, se conoce como inteligencia emocional. Por tanto, una gran inteligencia emocional nos permitiría reaccionar ante una crisis con mayor eficacia. Además, tener una gran inteligencia emocional nos ayuda a reconocer cómo nuestras emociones afectan a cómo nos comportamos y cómo pueden afectar a cómo se comportan los demás.

Para tener éxito, debemos desarrollar esta habilidad única además de nuestra inteligencia innata, como exige el entorno competitivo actual. La cuestión ahora es si el entrenamiento puede ayudar a desarrollar esta habilidad. A diferencia de la inteligencia, esta característica puede adquirirse y emplearse para regular y manejar eficazmente los retos de la vida; de ahí que la respuesta sea un rotundo SÍ. La TCC es beneficiosa en situaciones en las que cambiar los pensamientos tiene un impacto significativo en el control emocional.

Cuando se nos presenta una situación, la evaluamos y tratamos de encontrarle sentido, lo que da lugar a emociones. Nos diferenciamos de forma natural a la hora de analizar y juzgar una circunstancia concreta. Resulta difícil resolverla debido a la "valoración cognitiva" de la situación y no a la circunstancia real. El fin de semana, el jefe ofreció algunas tareas extra. La circunstancia podría verse como un intento de acoso del jefe. Naturalmente, esto provoca enfado y resentimiento. Al mismo tiempo, otra persona lo ve como una oportunidad para brillar. Sentiría cierto entusiasmo. Esta variación individual en la evaluación cognitiva está influida sobre todo por el "esquema" al que se adhiere una persona. El esquema se crea a partir de las convicciones, experiencias vitales y elementos culturales arraigados del individuo. Para ayudar a la persona a construir un esquema emocionalmente inteligente, la TCC ayuda a revisar el esquema, identificando y eliminando sus elementos problemáticos.

6

Abordar los pensamientos intrusivos con la TCC

¿Ha tenido alguna vez un pensamiento o una imagen no deseados persistentes? En la mayoría de los casos, puedes ignorarlo y continuar. Pero, en ocasiones, reaparecen una y otra vez.

No quieres estar pensando en esas cosas molestas e incómodas. ¿Por qué se te ocurren entonces? La mayoría de la gente experimenta de vez en cuando lo que se conoce como "pensamientos intrusivos". Pueden aparecer pensamientos locos y violentos e imágenes increíbles, como golpear a alguien en la cara o hacerte daño.

A menudo no suponen ninguna amenaza. Pero si tu obsesión por ellos perturba tu vida cotidiana, esto puede indicar un problema de salud mental más profundo. El trastorno obsesivo-compulsivo (TOC), la depresión o la ansiedad pueden manifestarse como pensamientos intrusivos.

¿Qué son los pensamientos intrusivos?

Los pensamientos no deseados o intrusivos pueden aparecer en cualquier momento y sin previo aviso. Pueden resultar inquietantes o aterradores porque a menudo son recurrentes e implican el mismo tipo de pensamiento.

Aunque pueden aparecer en cualquier persona, los pensamientos intrusivos son especialmente frecuentes entre quienes experimentan signos de ansiedad o depresión. A pesar de ser benignos en sí mismos, a veces perjudican nuestro comportamiento y calidad de vida.

Los pensamientos no deseados pueden aparecer en forma de imágenes, ruidos o incluso comentarios verbales.

Tipos de pensamientos intrusivos

Múltiples formas de pensamientos intrusivos son posibles. Algunas de ellas son las siguientes:

- **Pensamientos sexuales** - Independientemente de tu sexo, tener pensamientos sexuales frecuentes es normal. Podrías obsesionarte con esos pensamientos y hacer un gran esfuerzo para alejarlos si te sientes incómodo o escandalizado por ellos. Según los ex-ertos, es preferible tener en cuenta que se trata de samientos fugaces e intuitivos. De ninguna man-finen quién eres.
- **entos violentos** - Pensamientos oscuros o

violentos, como hacerte daño a ti mismo o a otra persona, pueden estar presentes en tus pensamientos. A menudo, no son más que pensamientos inofensivos y recurrentes sobre los que no tienes intención de actuar. Incluso tenerlos en el cerebro es indeseable. Desaparecerán con el tiempo. Sin embargo, necesitas el apoyo de un especialista para controlar tus emociones si te encuentras preparándote para llevar a cabo tus impulsos de ira. Habla con un médico o un terapeuta.

- **Pensamientos negativos** - Puedes considerarte un "perdedor" o sentirte indigno ocasionalmente cuando las cosas no salen como habías planeado. A medida que las cosas cambian para ti, estos pensamientos deben desaparecer. Sin embargo, si te abruman, podrías experimentar depresión o ansiedad. Consulta a un experto en salud mental para que te aconseje sobre cómo controlar tus síntomas.

- **Formas adicionales de pensamientos intrusivos** - Además, puedes experimentar pensamientos "basura" que son peculiares, extraños o paranoicos. Están fuera de tu control y a menudo no significan nada para ti o no tienen ninguna relación con tu vida. Lo mejor es ignorarlos e intentar no tomártelos como algo personal. Habla con tu médico para descartar un problema mental si persisten durante mucho tiempo o si sigues experimentando episodios de ellos.

Cuestionar y reformular los patrones de pensamiento negativos

Es normal que te sientas triste si tu mente se agita con malos pensamientos. Puedes tomar medidas para mejorar la situación, aunque no te resulte fácil desconectar de los malos pensamientos.

Superar la voz interior

Hablarse a uno mismo es difícil porque siempre parece cierto, incluso cuando es tendencioso o falso. La autoconversación es tu voz interior. Si tienes pensamientos negativos, es probable que tu autoconversación esté en una espiral descendente.

Puede que te lleve tiempo y práctica volverte experto en desafiar este estado de ánimo, pero el esfuerzo merece la pena. Una vez que hagas un seguimiento de la frecuencia con la que escuchas la negatividad, te sorprenderás al darte cuenta de cuánto de tu pensamiento está dirigido hacia una visión pesimista.

Practica: Utiliza la conciencia de que estás siendo crítico contigo mismo, infravalorando tus capacidades o careciendo de confianza como una señal para hacer una pausa y examinar tu comportamiento. ¿Lo que dice tu voz interior coincide con la realidad?

Si te sientes indigno cuando te levantas, piensa de nuevo en tu valor y en las personas que lo valoran. Considera a tus amigos, familiares, compañeros de trabajo y profesores como ejemplos de personas que te aprecian a ti y a lo que ofreces.

Ponerlo por escrito

Cuando te sientes deprimido, escribir tus pensamientos puede ser beneficioso. La clave está en encontrar una estrategia que te funcione. Ya sea grabándolos en el teléfono, escribiéndolos en un diario o reservando diez minutos antes de acostarte para consultarte a ti mismo, se asemeja en varios aspectos a trasladar los pensamientos de tu cabeza a un diario. Intenta organizar tus pensamientos en estas tres categorías cuando tomes notas:

¿Cuál es la circunstancia?

¿Qué me estoy diciendo a mí mismo o qué estoy pensando?

En una escala del 1 al 10, ¿cómo de deprimido o nervioso estoy?

Estas son algunas de las dificultades típicas que la gente encuentra al intentar escribir sus pensamientos si nunca lo ha hecho antes:

"Sólo estoy nervioso o deprimido; no tengo ningún pensamiento."

Incluso si no estás seguro de por qué te sientes preocupado en ese momento, escribir: "No estoy seguro exactamente de lo que estoy pensando en este momento" puede ser útil. ¿Tiene algo que ver con XYZ? El acto de escribir las cosas puede ayudar ocasionalmente a clarificar el pensamiento.

"Cuando pongo mis pensamientos por escrito, me parecen extraños."

Podrías seguir sintiéndote extraño o estúpido aunque sepas que nadie más va a leer lo que escribes. Esta respuesta es muy normal e indica que estás adquiriendo cierta comprensión por el simple hecho de poner tus pensamientos por escrito. Sólo puedes combatir el pensamiento negativo cuando eres completamente consciente de tus pensamientos y de aquello en lo que puedes influir.

"No tengo tiempo."

A pesar de lo tedioso que pueda parecer inicialmente, no tienes por qué escribir todo lo que piensas. Decide un momento para empezar cuando te sientas algo preocupado o cuando hayas empezado a experimentar algunos síntomas corporales. Dedica diez minutos al día a anotar tus preocupaciones.

Jugar duro

Una vez escritas las ideas, conviene evaluar su validez planteándote preguntas difíciles. Hay cuatro categorías principales de preguntas difíciles:

1. Preguntas que sirven para comprobar la realidad:*¿Cuáles son las pruebas a favor y en contra de mi postura?*

   ¿Estoy haciendo inferencias negativas injustificadas?
   ¿Cómo puedo determinar si lo que pienso es cierto?

2. Preguntas de búsqueda de explicaciones alternativas:*¿Existen perspectivas alternativas que pueda tener sobre este asunto?*

   ¿Qué más podría indicar esto?
   ¿Qué pensaría sobre el escenario si pensara positivamente?

3. Preguntas de cambio de perspectiva:*¿Cuál sería el escenario ideal?*

¿Hay algún aspecto positivo en esta circunstancia?
¿Seguirá siendo relevante dentro de cinco años?

4. Preguntas con un objetivo concreto:*¿Me ayuda esta forma de pensar a conseguir mis objetivos?*

¿Qué puedo hacer para ayudar en la resolución del problema?
¿Puedo sacar algo de esta experiencia para mejorar mis esfuerzos futuros?

Discutirlo

Todos experimentamos pensamientos negativos de vez en cuando, pero saber que siempre puedes superar tus dudas es fundamental si sientes que no puedes salir del bajón. Desarrollar la habilidad de enfrentarte a tu conversación te compensará enormemente porque ningún camino desagradable es permanente.

Estrategias de TCC para liberarte de los pensamientos intrusivos

¿Eres duro contigo mismo todo el tiempo? ¿Te castigas por los pequeños errores y pasas la noche en vela preocupado por las pérdidas excesivas y sus efectos?

En otras palabras, ¿eres tu crítico más duro?

Tu voz interior, contaminada por un discurso negativo debido a las dificultades a las que te enfrentas cada día, puede empezar a dominar tu vida. Poco a poco, puede hacerte tener pensamientos de enfado e hirientes, que finalmente te lleven a dudar de tus habilidades, cualidades y sentido de ti mismo.

Esta negatividad psicológica puede restringir y obstaculizar en gran medida tus actividades habituales y, a la larga, causarte daños emocionales y mentales. Tenemos cuatro pasos que te ayudarán a silenciar esa voz pesimista y a fortalecerte para combatir ese diálogo interior negativo.

Esto es lo que debes hacer si tu crítico interior vuelve a asomar su fea cabeza:

Familiarízate primero con tu diálogo interior más crítico

Reconocer cualquier crítica interna es el primer paso para superarla. Preguntarse por el origen de tu crítica interna y por qué está actuando en este momento puede ser un buen punto de partida. Puedes comprender por qué eres tan duro contigo mismo si tienes en cuenta tus antecedentes familiares, los acontecimientos de tu vida y los factores de estrés recientes.

Puedes reconocer las críticas si te tomas el tiempo de pararte y averiguar de dónde vienen. También puedes ser más consciente de las situaciones en las que te pones.

Siéntete libre de emplear diversos mecanismos de afrontamiento para mejorar tu estado de ánimo después de comprender lo que puede ocurrir. Escribir lo que estaba ocurriendo o lo que provocó esos pensamientos es una actividad excelente para realizar cada vez que esos pensamientos o voces pesimistas entren en tu cabeza. Utiliza tus sentimientos como guía para comprender plenamente los acontecimientos de tu vida.

Piensa en tu crítico interior como en un ser humano. Ponle nombre al asunto. Crear un nombre para algo que detestas con vehemencia puede ser útil. Lo que quiero decir es ¡discutir con tu crítico interior! Puedes representarte a ti mismo llamando al crítico a declarar. Considera si tienes alguna prueba que respalde estas opiniones autocríticas utilizando la reestructuración cognitiva, tal y como la describen los terapeutas cognitivo-conductuales.

Comprueba tus pensamientos negativos para ver si son acertados

Una táctica consiste en reconocer que el pensamiento autocrítico no son más que creencias, no hechos, y que, por tanto, pueden rebatirse.

Considérate un abogado, un científico o un detective, y pregúntate si otras interpretaciones de ti mismo o de tu comportamiento son más correctas. Esto te ayudará a poner tu corriente de pensamientos negativos en el estrado.

A continuación, deshazte del pensamiento crítico y sustitúyelo por algo más imparcial, preciso y equilibrado.

Puedes recuperar el valor para enfrentarte de frente a tu crítico interior cuando te das el tiempo y la paciencia necesarios para investigar los pensamientos negativos y considerar su veracidad.

Enfréntate a los pensamientos negativos innecesarios

El mejor método para eliminar la influencia de tu voz crítica interior es enfrentarte a ella sin rodeos. Desterrarla cuando la hayas reconocido y le hayas dado algo de tiempo.

Esto puede lograrse con un toque suave y calmado en lugar de con pensamientos o ideas más duras. Sé curioso al observar estos pensamientos críticos y abstente de intentar cambiarlos o suprimirlos. Cada pensamiento autocrítico debe colocarse en una caja y moverse a lo largo de una cinta transportadora. Alternativamente, visualiza cada pensamiento como una hoja cayendo en un arroyo o una nube moviéndose por el cielo.

Puedes recuperar tu poder y convertir tu vida en lo que quieres que sea resistiéndote educada y respetuosamente a estas creencias negativas.

Sustituye el pensamiento por la autocompasión

La técnica más eficaz para lidiar con una voz interior crítica es cambiarla por otra positiva. Esta voz debe empezar a apoyarte y a defender todas las cosas buenas de tu vida. Independientemente de lo que te dijera tu voz interior anterior, tienes mucho que aportar, y esta nueva voz debe enfatizarlo.

La práctica es la clave para que tu cerebro reconozca tu nueva voz. El paso más importante es probar un mecanismo de afrontamiento, aunque sea brevemente. Trabajar con un terapeuta puede facilitar el aprendizaje de qué métodos de afrontamiento funcionan para ti.

Saber que hay algo concreto que puedes probar puede hacerte sentir mejor. Aunque la autocrítica es bastante frecuente, no tiene por qué continuar. Incluso mejor, ¡podrías descubrir que no te compadeces de ti mismo durante mucho tiempo!

En lugar de centrarte en tus puntos débiles, canalizar la energía negativa hacia un discurso más positivo te ayudará a ver tus puntos fuertes con más claridad y te dará margen para crecer.

7

Recablear el cerebro con la TCC

¿Y si pudiéramos recablear el cerebro para que influyera en el funcionamiento del cuerpo? Aunque pueda sonar futurista, científicos de todo el mundo están logrando importantes avances en la comprensión de cómo interactúan el cerebro y el cuerpo.

Puedes mejorar tu estado de ánimo, desarrollar hábitos saludables e incluso reducir los síntomas de enfermedades crónicas dedicando sólo unos minutos al día a tu bienestar mental.

Aún nos queda mucho por descubrir sobre cómo recablear el cerebro. Pero hay pruebas convincentes de que la neuroplasticidad es el futuro de la medicina. Y puede que incluso sea completamente gratuita.

¿Qué es la neuroplasticidad?

"Neuroplasticidad" describe la capacidad del cerebro para reorganizar la información y adaptarse a diversas situaciones. El término "neuro" describe las conexiones neuronales de tu cerebro que te ayudan a adaptarte a tu entorno y a prever posibles problemas. Por el contrario, la plasticidad cerebral se refiere a tu capacidad para alterar e interrumpir esas vías en respuesta a experiencias positivas y desfavorables.

Por ejemplo, un trauma (con "t" mayúscula o minúscula) afecta significativamente al funcionamiento del cerebro. Incluso en situaciones en las que tu cuerpo está a salvo, el trauma puede alterar significativamente tus vías neuronales y hacer que tu cerebro active la respuesta de lucha o huida.

De forma similar, el refuerzo positivo y la meditación alegre pueden cambiar la estructura física del cerebro y crear nuevas vías neuronales libres de traumas.

¿Qué es el sistema límbico?

La neuroplasticidad depende en gran medida del sistema límbico. En él se encuentran el hipocampo, el hipotálamo y la amígdala, todos ellos implicados en la memoria, las emociones y la gestión del estrés.

Aunque la memoria no esté en tu mente en este momento, el sistema límbico la guarda y la utiliza como punto de referencia para tomar decisiones en el futuro.

El sistema límbico puede entrar en sobremarcha e iniciar la reacción de lucha o huida cuando se está sometido a un trauma físico o ambiental para protegerse. Por lo tanto, relajar el sistema límbico y señalar al cerebro que se está a salvo es a menudo una forma de recablear determinados patrones cognitivos o desencadenar reacciones.

Ejemplos reales de neuroplasticidad

La neuroplasticidad es especialmente pertinente, dada la rapidez con que evolucionan la sociedad y la tecnología. Aunque por fuera hayamos cambiado aprendiendo a escribir a máquina, a usar Internet y a trabajar en una oficina, nuestros cerebros siguen estando diseñados para sobrevivir en un mundo pre-moderno.

Por ejemplo, hacer una presentación difícil en el trabajo no es una amenaza para la vida. Pero sigues sin darte cuenta, ya que tu cerebro no ha cambiado para hacerlo. En lugar de eso, tu ansiedad se convierte en lucha o huida a toda máquina, dirigiendo tu energía hacia la presentación.

Esto sería de gran ayuda si necesitaras comida o te persiguiera un oso. Sin embargo, estos métodos de afrontamiento suelen hacer más mal que bien en la sociedad contemporánea actual.

A medida que nuestros cerebros se adaptan a esta nueva forma de vida, es habitual reaccionar con altos niveles de estrés ante acontecimientos que nos producen muy poco estrés.

La buena noticia es que ya posees todo lo que necesitas para controlar tu sistema límbico, emplear la neuroplasticidad para reorganizar tu cerebro y eliminar las sensaciones de malestar no deseadas. La niebla cerebral, el estrés crónico, la ansiedad, la depresión, los malos hábitos, la fatiga crónica, los síntomas inexplicables, los desequilibrios hormonales, el COVID prolongado, la inflamación crónica o las sensibilidades alimentarias inexplicables pueden ser señales de que ha llegado el momento de recablear tu cerebro.

Cómo la terapia cognitivo-conductual fomenta la neuroplasticidad

¿Cómo pueden la TCC y la neuroplasticidad cambiar la composición y la funcionalidad del cerebro? Los pasos de la TCC producen estas mejoras a través de la práctica constante. El cerebro se adapta a nuevos pensamientos y acciones a medida que se adoptan nuevas formas de pensar y actuar. He aquí los objetivos de la TCC y cómo funciona.

Objetivos de la terapia cognitivo-conductual

Sería bueno que pudieras cambiar la situación para hacer la vida menos difícil. A veces es posible, al menos en parte. Sin embargo, lo más probable es que no puedas cambiar muchas cosas de tu vida. En lugar de eso, deberías practicar el control de tus pensamientos con respecto a esas cosas. Por lo tanto, puedes elegir más fácilmente comportamientos que mejoren tu vida si tienes patrones mentales más beneficiosos. Gracias a la neuroplasticidad y a la terapia cognitivo conductual, tu estado de ánimo y tu ansiedad pueden mejorar durante este cambio.

En pocas palabras, se podría afirmar que los objetivos de la TCC son ayudarte a perseguir tus objetivos, a participar activamente en la vida diaria y a realizar actividades agradables.

Conceptos básicos de la TCC

La terapia cognitivo-conductual es un tipo de terapia más disciplinada. En lugar de los años necesarios para muchas otras formas de terapia, la duración media del tratamiento es de sólo unas semanas o meses.

La TCC se basa en algunos conceptos clave. En primer lugar, parte del supuesto de que los pensamientos negativos son un factor que contribuye a los problemas psicológicos. En segundo lugar, reconoce que los patrones de comportamiento problemáticos que se adquieren también pueden provocar problemas psicológicos. Por último, si desarrollas mecanismos de afrontamiento más eficaces para estos problemas, tus síntomas disminuirán y tendrás más éxito a la hora de llevar la vida que deseas.

Cambiar los pensamientos en la TCC

Tu psicoterapeuta puede enseñarte a cambiar tu forma de pensar si utilizas la TCC. Primero desarrollarás la capacidad de identificar los pensamientos que influyen en tus percepciones y en los comportamientos que eliges. A continuación, evalúas esos pensamientos para ver si hay distorsiones cognitivas que te dificultan la gestión de tu vida. Una vez que seas consciente de esos errores, podrás elegir pensamientos más correctos y beneficiosos.

La TCC también implica estudiar y utilizar técnicas de resolución de problemas. Para comprender mejor tu entorno, puedes dedicar algún tiempo a reflexionar sobre las acciones y los motivos de los demás. A medida que modificas tu forma de pensar, ganas confianza en ti mismo y en tus capacidades. La terapia cognitivo-conductual y la neuroplasticidad trabajan juntas para crear nuevas conexiones neuronales en el cerebro a medida que aprendes formas de pensar más beneficiosas.

Modificación de conductas en la TCC

Puedes cambiar directamente tus comportamientos con la ayuda de tu terapeuta de TCC. Puede ayudarte a enfrentarte a tus preocupaciones en lugar de huir de ellas. Esto puede implicar hablar de tus miedos con otras personas o visitar físicamente un lugar que te produce ansiedad. Tú y tu terapeuta pueden idear planes para cambiar los hábitos que te mantienen en la angustia emocional.

Entre las herramientas de la TCC para cambiar el comportamiento se incluyen los juegos de rol, el aprendizaje y el uso de prácticas de atención plena, la terapia de exposición, la elaboración de diarios y la práctica de mecanismos de afrontamiento.

A lo largo de un breve periodo de tratamiento y de práctica en casa, descubrirás cosas que cambiarán tu forma de pensar y actuar. A medida que empiezas a pensar y actuar de un modo más propicio para alcanzar los objetivos de tu vida, tu cerebro empieza a cambiar. La combinación de la terapia cognitivo-conductual y la neuroplasticidad afectará agradablemente a tu vida, haciéndote sentir más tranquilo, más a gusto y más contento.

8

Aplicación de la TCC en la vida cotidiana

La TCC es una de las técnicas de tratamiento más eficaces para quienes se recuperan de la adicción, el alcoholismo y otros trastornos mentales. Fue creada en la década de 1960 por el psiquiatra Aaron Beck. Desde su creación, la TCC ha crecido enormemente en popularidad debido a su éxito en el tratamiento de diversos problemas. Supongamos que hoy escribes "TCC" o "Terapia Cognitivo-Conductual" en un motor de búsqueda. En ese caso, te aparecerán muchas noticias que hacen referencia a estudios de investigación recientes que demuestran que la TCC ofrece un alivio y una recuperación significativos para todo tipo de problemas, desde el cáncer hasta el dolor crónico, desde los traumas hasta la diabetes, y mucho más. Al incorporar la acción explícita, la TCC va más allá de la terapia de conversación convencional y está orientada a los objetivos y a la aplicación. En lugar de buscar un problema, la TCC ayuda a identificar los comportamientos problemáticos y los patrones cognitivos preprogramados que han permitido estas acciones durante mucho tiempo. Las personas pueden llegar a ser libres para elegir cómo comportarse centrándose en determinados patrones mentales y erradicándolos.

La TCC es utilizada por la mayoría de los programas de tratamiento de todo el mundo para tratar la adicción, el alcoholismo y las enfermedades mentales. Las aplicaciones de la TCC se comparan brevemente con la terapia de conversación tradicional, ya que se centran en un objetivo. La TCC puede revolucionar la terapia durante las pocas semanas o meses en que un paciente la recibe. Las habilidades desarrolladas mediante el trabajo de la TCC en terapia son extremadamente transferibles para su uso fuera de la terapia, lo que hace que las habilidades de la TCC no tengan precio.

En los últimos cincuenta años, se han establecido varios estudios, libros de trabajo, ejercicios y procedimientos de TCC. He aquí algunos ejemplos de aplicaciones prácticas de la TCC.

Poner en marcha tu rutina diaria

Es evidente que quedarse en casa ha cambiado para siempre nuestra forma de vivir como civilización. La tensión y la ansiedad que experimentaste durante el repentino cambio a quedarte en casa pueden tener un impacto duradero en tu vida. Enfrentarte a ello puede resultar difícil, tanto si intentas encontrar una forma de pasar el tiempo mientras estás sin empleo, como si educas a tu hijo o trabajas desde casa. Crear una rutina es un buen primer paso para revitalizar tu vida.

Programar actividades puede servir de chispa para poner en marcha un afrontamiento saludable en momentos de cambio en los que la depresión y la ansiedad pueden llegar a dominar. He aquí una útil técnica de terapia cognitivo-conductual (TCC) para aumentar el autoconocimiento, el estado de ánimo y el bienestar mental.

Las actividades placenteras, los logros y las tareas que superan la evitación son tres actividades que mejoran el estado de ánimo. Estas actividades pueden incluirse en un programa dinámico para ayudarte a cambiar tu motivación. Examinemos cada una de las tres categorías con más detalle:

1. Las cosas que nos hace ilusión realizar están dentro de la lista de actividades placenteras. Preguntarte: "¿Qué me hace sentir bien?" puede ayudarte a determinar qué cuenta como esto para ti.

2. Los logros son las tareas diarias que hay que completar. Esto incluye acciones sencillas como ducharse o vestirse y otras más difíciles como preparar una comida o trabajar en un proyecto. Para empezar, pregúntate qué es significativo para ti. Si uno de tus valores es tener el mejor aspecto posible, por ejemplo, lavar y planchar la ropa al comienzo de la semana podría reforzar este valor.

3. Superar la evitación es la tercera categoría y la más difícil de terminar porque contiene todas las acciones que menos te gustan. Debido a su dificultad o a la posibilidad de que provoquen emociones incómodas, estas tareas suelen evitarse. El simple hecho de programar y terminar una de ellas puede mejorar tu estado de ánimo y darte la confianza necesaria para pasar al siguiente elemento de tu lista. Debido al miedo a perderte el momento, evitar la enorme pila de correo que se ha ido acumulando durante meses puede hac-

erse en pequeños incrementos. Esta enorme tarea puede hacerse más llevadera dividiéndola en partes. Un método para dividir esta gran tarea es ordenar el correo por fecha, luego por prioridad (basura frente a facturas) y, finalmente, abrir unas pocas piezas cada día.

Meditando, llevando un diario y reflexionando detenidamente, puedes averiguar qué actividades van bien juntas para levantar tu estado de ánimo. Planificar un día que te haga sentir lo más satisfecho posible requiere prestar mucha atención a cómo te sientes antes y después de completar cada tarea.

Fijar objetivos realistas y controlar los progresos

En la terapia cognitivo-conductual (TCC), los objetivos son cruciales porque proporcionan a los pacientes dirección, impulso y propósito mientras trabajan en sus problemas. Establecer objetivos alcanzables puede ayudar a los pacientes a progresar de verdad y a aumentar su autoeficacia. En esta sección, veremos los principios de fijación de objetivos de la TCC y discutiremos cómo desarrollar y alcanzar objetivos que resulten en una transformación a largo plazo.

Reconocer el valor de los objetivos en la TCC

El núcleo de la TCC son los objetivos, que dirigen el proceso terapéutico y eligen las intervenciones y enfoques precisos. Pacientes y terapeutas deben fijar objetivos claros y bien definidos para mantener la atención y aprovechar al máximo el tiempo que pasan juntos en el tratamiento.

Una de las principales ventajas de la fijación de objetivos en la TCC es que fomenta el sentido de pertenencia y de agencia. Es más probable que los pacientes se sientan implicados en su terapia y se apropien de su éxito si participan activamente en el establecimiento de objetivos.

Además, definir y completar objetivos puede ser una gran motivación. Es más probable que los pacientes se sientan motivados e inspirados para seguir con la terapia y mantener sus mejoras a medida que trabajan para conseguir sus objetivos y ven su éxito.

El enfoque SMART para fijar objetivos de TCC

El enfoque SMART es un marco popular para definir objetivos prácticos en la TCC. SMART son las siglas de Specific (específico), Measurable (medible), Achievable (alcanzable), Relevant (relevante) y Time-bound (limitado en el tiempo o sujeto a plazos). Los pacientes tienen más probabilidades de encontrar el éxito y la felicidad en la terapia si se establecen objetivos que satisfagan estas normas.

Los objetivos específicos son aquellos claros, bien definidos y dirigidos a un problema o comportamiento concreto. Por ejemplo, en lugar de elegir un objetivo general como "reducir la ansiedad", un objetivo más específico puede ser "aprender tres técnicas de relajación para controlar la ansiedad durante las presentaciones."

Los objetivos que pueden medirse pueden cuantificarse, lo que facilita el seguimiento de los progresos y la decisión sobre si se ha alcanzado un objetivo. Un objetivo medible, como "practicar la respiración profunda durante 5 minutos cada día", permite a los pacientes hacer un seguimiento de su evolución.

Los objetivos realistas y alcanzables son aquellos que el paciente puede alcanzar. Establecer objetivos ambiciosos es importante, pero también deben ser factibles, dados los recursos, limitaciones y circunstancias actuales del paciente.

Los objetivos pertinentes coinciden con los valores, las prioridades y los objetivos a largo plazo del paciente. Es más probable que el paciente se sienta inspirado y dedicado a alcanzar sus objetivos si éstos tienen un significado personal y están vinculados a su visión más amplia de la vida.

Por último, los objetivos sujetos a plazos tienen una fecha límite. Este sentimiento de urgencia motiva a los pacientes a pasar a la acción y a progresar hacia sus objetivos.

Seguimiento y modificación de los objetivos de la TCC

Las revisiones y ajustes periódicos de los objetivos son cruciales durante la terapia. Los objetivos se evalúan continuamente para garantizar que siguen siendo pertinentes, desafiantes y alcanzables, fomentando una sensación de avance y éxito.

Las hojas de trabajo, los cuadernos o las aplicaciones de seguimiento son herramientas para seguir los progresos. Con la ayuda de estas herramientas, los pacientes pueden hacer un seguimiento de sus sentimientos, acciones y pensamientos, lo que puede ser muy útil para seguir el progreso hacia sus objetivos.

Además, pacientes y terapeutas deben comunicarse honesta y abiertamente sobre el estado de sus objetivos. Cualquier obstáculo o dificultad puede identificarse a través de este discurso cooperativo, permitiendo cualquier modificación necesaria.

Por último, es fundamental reconocer y celebrar los logros de todo tipo. Los pacientes pueden aumentar su sensación de autoeficacia, lo que les anima a seguir trabajando para conseguir sus objetivos reconociendo y recompensando los progresos.

Mantener el bienestar mental a largo plazo con la TCC

Es fundamental avanzar poco a poco a la hora de hacer cambios en la vida.

Uno de los tipos de psicoterapia más eficaces, la terapia cognitivo-conductual, o TCC, ha demostrado ser útil para diversos problemas de salud mental, como la ansiedad, la depresión, la adicción y los trastornos alimentarios. A continuación se enumeran las 8 mejores técnicas de TCC para mejorar la salud mental. Algunas son más detalladas que otras, pero cada una es beneficiosa de alguna manera, dependiendo de su circunstancia.

Tener presente el presente

Centrarse en el presente es uno de los componentes más importantes de la TCC. No podemos cambiar el pasado ni predecir el futuro. ¿Por qué nos preocupamos por cosas que no podemos controlar? En lugar de eso, concéntrate en el presente y en cómo mejorar tu situación.

Considera las emociones que deseas

Todos queremos sentirnos alegres, sanos y equilibrados con respecto a nuestra salud mental. Aunque ningún tratamiento funciona para todo el mundo, la terapia cognitivo-conductual

(TCC) es una alternativa fantástica para muchas personas. La TCC es una forma de terapia que se centra en ayudarte a cambiar los patrones de pensamiento y las acciones negativas para mejorar tu bienestar mental general.

Actúa como si

Recordar que tenemos poder sobre nuestros pensamientos y comportamientos cuando intentamos mejorar nuestra salud mental es crucial. Ser la persona a la que aspiramos puede ayudarnos actuando como si ya lo fuéramos. Fingir que tenemos confianza en nosotros mismos, que estamos contentos y que tenemos éxito puede ayudarnos a empezar a creérnoslo y convertirlo en realidad.

Juega con ventaja

Es fundamental encontrar los enfoques de TCC que mejor se adapten a cada persona, ya que cada una tiene puntos fuertes diferentes.

Pide ayuda a los demás

Es fundamental buscar ayuda de otras personas en relación con la salud mental. Puede ser asesoramiento, medicación o una simple conversación con un amigo. Evita a toda costa intentar sobrellevarlo tú solo.

Avanza gradualmente

Es fundamental avanzar poco a poco a la hora de hacer mejoras en tu vida. Demasiadas cosas a la vez pueden resultar abrumadoras y desmotivadoras. Fíjate objetivos pequeños y factibles en un área de tu vida que te gustaría mejorar. Si quieres mejorar tu nutrición, incluye un alimento nutritivo en tus comidas diarias.

Aborda las cosas con una mente abierta

Nuestras rutinas diarias pueden hacer que nos olvidemos de ser simples. Sin embargo, afrontar las situaciones con la mente abierta puede beneficiar a tu salud mental. Al estar abierto a nuevas experiencias, te permites desarrollarte y aprender de formas que nunca habrías imaginado. Quién sabe, ¡incluso podrías divertirte un poco por el camino!

Descubre algo nuevo

Aunque puede ser fácil caer en patrones de pensamiento destructivos, las estrategias de la terapia cognitivo-conductual (TCC) pueden ayudar a poner fin al ciclo.

9
Terapia cognitivo-conductual basada en atención plena

La terapia cognitivo-conductual (TCC), la meditación y el desarrollo de la "atención plena" -una actitud centrada en el presente y sin prejuicios- son componentes de la terapia cognitiva basada en la atención plena (MBCT).

Los terapeutas Zindel Segal, Mark Williams y John Teasdale crearon la MBCT para avanzar en la terapia cognitiva. Creían que la terapia podría tener más éxito si se combinaba la terapia cognitiva con la técnica de reducción del estrés basada en la atención plena (MBSR) creada por Jon Kabat-Zinn en 1979.

En este capítulo se tratan los métodos, las aplicaciones y las ventajas de la terapia cognitiva basada en la atención plena. También se analiza la eficacia de esta estrategia y otros puntos a tener en cuenta antes de aplicar una estrategia de atención plena de la TCC.

Técnicas de Terapia Cognitiva Basada en Atención Plena

Al utilizar técnicas como la meditación de atención plena para entrenar a las personas a prestar atención deliberadamente a sus pensamientos y sentimientos sin juzgarlos, la terapia cognitiva basada en la atención plena amplía los conceptos de la terapia cognitiva.

Se utilizan varios métodos y ejercicios de atención plena como componente de la MBCT. Algunos de ellos son:

- **Meditación** - Una persona puede ser más consciente de su cuerpo, sus pensamientos y su respiración a través de la meditación autoguiada o guiada.

- **Ejercicio de exploración corporal** - Consiste en tumbarse y examinar detenidamente varias zonas del cuerpo. Normalmente se empieza por la parte inferior del cuerpo y se asciende por ella hasta llegar a la parte superior de la cabeza.

- **Técnicas de atención plena** - Aumentar la conciencia del momento presente es un componente de la atención plena. Las personas pueden practicarlo mientras meditan y trabajar estos ejercicios en rutinas diarias.

- **Estiramientos basados en la atención plena** - Los estiramientos basados en la atención plena animan al cuerpo y a la mente a ser más conscientes el uno del otro.
- **Yoga** - El MBCT puede inspirar a los participantes a realizar posturas de yoga específicas que promuevan el estiramiento corporal basado en atención plena.

Se puede enseñar a las personas el "enfoque de los tres minutos de respiro", que se centra en tres fases de un minuto de duración cada una. Estas fases son: Observar tu experiencia (¿Cómo te encuentras en este momento?), centrarte en tu respiración y atender a tu cuerpo y a tus sensaciones físicas.

Sentarse con los pensamientos, sentarse con los sonidos y las meditaciones sentadas y caminando son otras estrategias de atención plena de la TCC.

Áreas en las que la TCC basada en atención plena puede ayudar

Numerosos episodios de depresión pueden tratarse con éxito utilizando la terapia cognitiva basada en la atención plena, según una investigación. Aunque en un principio se diseñó para tratar la depresión, los estudios han demostrado que también es útil para tratar otras afecciones, como los trastornos de ansiedad, el trastorno bipolar, la depresión relacionada con afecciones médicas, el bajo estado de ánimo, la infelicidad y la depresión resistente al tratamiento.

Beneficios de la terapia cognitiva basada en la atención plena

El principio básico de la terapia cognitiva es que las creencias erróneas en uno mismo provocan sentimientos desagradables como la depresión y que los pensamientos preceden a los estados de ánimo. La MBCT utiliza técnicas de terapia cognitiva para ayudarte a identificar y reevaluar tus patrones de pensamiento negativos y sustituirlos por otros más realistas y optimistas.

Este método permite a las personas reflexionar sobre sus pensamientos sin preocuparse por lo que pudo haber sido o podría suceder. La MBCT fomenta la claridad mental y te proporciona las herramientas necesarias para dejar ir los pensamientos negativos con más facilidad que permitir que alimenten tu desesperación.

Al igual que la terapia cognitiva, la terapia cognitiva basada en la atención plena se fundamenta en la idea de que cuando se experimenta estrés y se tienen antecedentes de depresión, es probable que se vuelva a los procesos cognitivos automáticos que, en el pasado, causaron un episodio depresivo.

Lo que hace que la MBCT sea tan poderosa es la unión de la atención plena y la terapia cognitiva. Mientras que la terapia cognitiva te enseña a interrumpir los procesos de pensamiento habituales y a afrontar las emociones de forma saludable, la atención plena te ayuda a observar e identificar tus sentimientos.

Eficacia de la TCC con atención plena

El objetivo principal del MBCT es enseñar a las personas con depresión crónica a prevenir las recaídas absteniéndose de aquellos procesos cognitivos automáticos que exacerban y perpetúan la depresión. Según las investigaciones, el tratamiento cognitivo basado en la atención plena fue tan eficaz para prevenir la reaparición de la depresión como la medicación antidepresiva de mantenimiento.

Independientemente del sexo, la edad, el nivel educativo o la situación conyugal de la persona, se ha demostrado que el MBCT reduce la probabilidad de recaída en más de un 50% de media para quienes sufren depresión recurrente.

Además, los estudios han demostrado que la terapia cognitiva basada en la atención plena puede ayudar a disminuir el deseo de consumir sustancias adictivas y reducir la intensidad de los síntomas depresivos. Además, los estudios sugieren que la MBCT puede ser una forma segura y eficaz de tratar a los pacientes que están deprimidos en este momento.

Cosas en las que pensar

Aún queda mucho por aprender sobre la eficacia de la terapia cognitiva basada en la atención plena para tratar la depresión activa o grave. Discutir tus síntomas con tu médico es crucial para determinar si este curso de acción es apropiado para ti.

Aunque el componente presencial o grupal de la MBCT es crucial, gran parte del trabajo se realiza fuera de clase. Los deberes incluyen escuchar meditaciones guiadas grabadas y practicar atención plena a diario.

Esto puede suponer incorporar la atención plena a tareas rutinarias como hacerse la cama, cepillarse los dientes, ducharse, fregar los platos o hacer ejercicio, utilizando técnicas de atención plena de la TCC como elegir seguir lo que funciona en lugar de cuestionarse a uno mismo, concentrarse en el presente sin distraerse con otros pensamientos o sucesos, tomar parte sin sentirse avergonzado, ser plenamente consciente de todo lo que ocurre a tu alrededor y adoptar una posición neutra.

Aunque la terapia cognitiva basada en la atención plena implica mucho esfuerzo autodirigido, sus defensores subrayan que las clases son cruciales para la eficacia del programa. Sin embargo, encontrar programas puede ser difícil dependiendo de la disponibilidad de terapeutas certificados en MBCT en tu zona.

Qué hacer primero

La intervención en grupo del programa de terapia cognitiva basada en atención plena dura ocho semanas. Después de la quinta semana, hay una clase de un día y el curso semanal, de dos horas de duración.

No siempre existe una red global de educadores bien establecida o un directorio único donde buscar un programa local. Si quieres un terapeuta MBCT, habla con tu médico o busca en un directorio de terapeutas en Internet.

Incluso los proveedores de salud mental que no están específicamente educados en MBCT pueden utilizar algunos componentes de la TCC y las prácticas de atención plena en sus sesiones de terapia porque la atención plena ha crecido en popularidad por su capacidad para impulsar el bienestar mental.

Conclusión

La TCC es un compromiso que requiere un esfuerzo por tu parte para tener éxito. Estarás formando una relación con el terapeuta, y dependerá de ti cómo utilices sus consejos en tu beneficio. Las siguientes acciones serán las que más te beneficien:

Completa todas las sesiones prescritas con tu terapeuta y cualquier tarea asignada, tareas calificadas o actividades de planificación de actividades.

Informa a tu terapeuta sobre tus sentimientos de forma abierta. Esto incluye comunicarte con el terapeuta si crees que la terapia no te está ayudando o no es adecuada para ti. Para seguir adelante, debes sentirte a gusto y llevarte bien con tu terapeuta. Puedes elegir entre varios terapeutas y terapias adecuados a tus necesidades.

Debe estar preparado y dispuesto a cambiar. La TCC no es una "varita mágica", pero puede ser beneficiosa si le dedicas el tiempo y el esfuerzo necesarios.

Saber que puedes cambiar tu vida es uno de los resultados más importantes de la TCC. La TCC puede ayudarte a ver que otras personas o circunstancias externas no causan tus problemas, sino que a menudo son el resultado de tus pensamientos y acciones.

Puedes cambiar tu forma de pensar para cambiar tus sentimientos y comportamientos. Si dejas de pensar en términos de "blanco o negro" (todo o nada), puedes ampliar tus horizontes y adoptar una perspectiva del mundo más global. Estos ajustes pueden ayudarte a lograr una mayor realización en la vida, al tiempo que apoyan el trabajo que realizas en el tratamiento.